KB212008

Talks To Teachers On Psychology

선생님이 꼭 알아야 할
심리학 지식

선생님이 꼭 알아야 할 심리학 지식

초판 1쇄 발행   2016년 2월 10일

원제   Talks To Teachers On Psychology(1899)
지은이   윌리엄 제임스
옮긴이   정명진
펴낸이   정명진
디자인   정다희

펴낸곳   도서출판 부글북스
등록번호   제300-2005-150호
등록일자   2005년 9월 2일

주소   서울시 노원구 공릉로63길 14, 101동 203호(하계동, 청구빌라)
               (139-872)
전화   02-948-7289
전자우편   00123korea@hanmail.net

ISBN   979-11-5920-004-5 03180

Talks To Teachers On Psychology

선생님이 꼭 알아야 할
심리학 지식

윌리엄 제임스 지음   정명진 옮김

나는 1892년에 하버드 코퍼레이션(Harvard Corporation: 하버드 대학 총장과 12명의 펠로우로 구성된, 하버드 대학의 의사결정 기구 중 하나/옮긴이)으로부터 케임브리지의 선생님들을 대상으로 심리학에 대한 강의를 해 달라는 부탁을 받았다. 그 이후 다양한 곳에서 다양한 선생님들이 모인 가운데 강연을 했으며, 그 내용을 간추린 것이 이 책이다. 나는 강연을 하면서 청중이 가장 지겨워하는 부분이 전문적인 내용이고 청중이 가장 깊은 관심을 보이는 부분이 심리학 지식을 교육 현장에 구체적으로 적용하는 것이라는 사실을 알게 되었다. 그래서 나는 강의를 이어가는 동안에 전문적인 내용을 점차적으로 제외시키고 교육 현장에 적용할 수 있는 내용에 주안점을 두게 되었다. 그 결과 강의 내용을 마침내 책으로 묶게 된 지금, 선생님을 위한 나의 심리학 강의는 최종적으로 현재 심리학 분야에서 '과학적'인

이론으로 여겨지고 있는 것을 최소화함에 따라 아주 실용적이고 대중적인 쪽으로 흐르게 되었다.

　나의 일부 동료들은 아마 이런 책에 고개를 가로저을지도 모르겠다. 그러나 나는 나 자신이 직접 느낀 청중의 반응을 바탕으로 이 책이 대중의 요구를 충족시킬 수 있을 것이라고 믿고 있다.

　어쩌면 선생님들은 이 책에 항목 구분이나 용어 정의, 작은 제목, 유형 분류 등 익숙한 것들이 배제되어 있어 어느 정도 실망할지도 모르겠다. 그러나 나의 의도는 선생님들이 학생의 정신적 삶을 일종의 능동적인 통일체로 인식하고, 가능하다면 선생님들이 상상력을 바탕으로 학생의 정신적 삶을 호의적으로 재생할 수 있도록 돕는 것이다. 학생들은 자신의 정신을 과정이나 구획으로 나누지 않는다. 선생님을 대상으로 한 나의 강의를 활자로 옮긴 책이 만약에 도표 같은 것을 사용하여 마치 여행서나 수학 교과서처럼 보이게 되었다면, 아마 애초에 의도했던 나의 목적은 크게 훼손되었을 것이다. 이 책과 비슷한 책들은 아마 젊은 선생님들이 정신적 삶에 관한 사실들은 유동적이라는 점에 주의를 기울이게 할 것이다. 그런 유의 책들이 선생님들의 지적 향상에도 도움이 될 것이라고 나는 확신한다. 전문적인 용어나 표제, 항목 구분 등을 선호하는 선생님들의 취향은 충족되지 않을지라도 말이다.

　심리학에 관한 나의 다른 두꺼운 책들을 이미 접한 독자라면 이 책의 어투가 그 책들의 어투와 상당히 비슷하다는 느낌을 받을 것이다. 습관과 기억에 관한 강의의 경우에 나는 여러 대목에서 기존의 나의 책을 그대로 베끼다시피 했다. 그래도 나는 이런 식의 표절에 대해 정식으로 사과까지 할 필요는 없다고 생각한다.

차례

제1강

학생을 가르치는
기술과 심리학

사실을 정확히 볼 줄 아는 관찰력을 가진 사람이 오늘날 미국인들의 삶을 보면서 이상적이라고 평가할 수 있는 관심들은 참으로 다양할 것이다. 이 관심들 중에서 지난 십 몇 년 동안 선생님들 사이에 팽배하고 있는 어떤 욕구보다 미국의 미래를 더 밝게 가꿀 요소는 아마 없을 것이다. 교육의 어느 분야에 종사하든 불문하고, 선생님들 사이에 자신의 직업에 최선을 다하는 동시에 사회를 바람직한 방향으로 이끌려는 노력이 두루 보이고 있다. 정말 고무적인 현상이라 아니 할 수 없다.

국가의 혁신은 언제나 생각이 깊은 시민들을 중심으로 위에서부터 시작해 서서히 아래로, 또 밖으로 퍼져나가게 되어 있다. 미국의 미래는 선생님들의 손에 쥐어져 있다고 해도 과언이 아니다.

선생님들이 현재 스스로를 계발하고 강화하면서 보여주고 있는 그

성실성은 미국이 이상적인 방향으로 나아가고 있다는 사실을 보여주는 지표이다. 개방적이고 미래 지향적인 미국의 교육 조직은 대체로 세계 최고 수준을 자랑하고 있다. 미국의 학교 제도는 다양성과 유연성을 발휘하고 있을 뿐만 아니라 실험과 경쟁의 기회까지 제공하고 있다. 미국만큼 큰 규모의 학교 제도는 세계 어디에도 없다. 수많은 칼리지와 유니버시티들이 독립성을 누리고 있고, 또 칼리지와 유니버시티들 사이에 학생과 교수의 이동이 활발하게 이뤄지고 있다.

그것만이 아니다. 칼리지와 유니버시티들은 서로 자유롭게 경쟁을 하고 또 하급 교육 기관과 유기적인 관계를 부드럽게 유지하고 있다. 또 칼리지와 유니버시티들에서 이뤄지고 있는 강의 방식도 케케묵은 교수법에서 탈피하여 진화를 거듭하고 있다(그래서 개별 학생을 거의 고려하지 않는 독일과 스코틀랜드의 강의 방식을 피하면서도 영국의 개인 교수법처럼 교수가 개별 학생을 위해 희생하는 그런 피해도 피할 수 있다). 많은 미국인들이 유익하다고 믿고 있는 남녀 공학은 말할 것도 없고, 앞에 말한 모든 것도 미국 학교생활의 가장 행복한 특징들이며, 그런 것들로부터 아주 낙관적인 예측이 나온다.

이처럼 유익한 조직을 갖추고 있기 때문에, 우리 모두가 할 일이라곤 그 조직을 천재들로 채우고, 탁월한 남녀들이 그 조직 안에서 조직을 위해 더욱 열심히 일할 분위기를 가꾸는 것뿐이다. 그러면 한두 세대 안에 미국은 세계의 교육을 선도하는 입장에 설 것이다. 이 같은 예측이 하나의 사실로 성취될 날이 가까운 장래에 올 것이라고 나는 굳게 믿는다.

교육 분야에 종사하는 사람들 중에서 선생님들의 이런 노력의 덕을 심리학자들보다 더 많이 누리는 사람은 없다. 선생님들은 자신의 직업과 관련한 훈련을 보다 완벽하게 추구하길 원하고 또 동시에 자신의 일에서 '직업' 정신을 최대한 발휘하고 싶어 함에 따라 근본적인 원리를 찾아 심리학자들에게 관심을 더욱 많이 쏟고 있다. 앞으로 몇 차례의 강연을 통해서, 여러분은 틀림없이 인간의 마음이 작용하는 과정에 관한 정보를 많이 얻기를 기대할 것이다. 여러분이 책임지고 있는 교실에서 학생들을 가르치는 일을 보다 수월하게, 또 보다효과적으로 처리할 수 있게 할 그런 정보를 말이다.

심리학이 선생님들의 그런 기대에 부응할 수 없다는 뜻은 결코 아니다. 분명히 심리학은 여러 면으로 선생님들을 도울 수 있어야 한다. 그럼에도, 나는 여러분의 기대치가 지나치게 높다는 사실을 잘알고 있기에 불안한 마음부터 앞선다는 사실을 고백하지 않을 수 없다. 이 짧은 강의가 끝난 뒤에 여러분을 실망시키지 않을 자신이 없기 때문이다. 달리 말하면, 여러분이 심리학에 대해 터무니없는 공상을 품고 있지 않다는 확신이 서지 않는다는 뜻이기도 하다.

여러분이 그런 공상을 품고 있다고 해도 절대로 놀랄 일은 아니다. 왜냐하면 지금 미국에 일종의 심리학 '붐' 같은 것이 일어나고 있기 때문이다. 심리학 관련 연구소와 교수직이 생겨나고, 전문 잡지도 창간되었다. 또 온갖 소문이 다 떠돌고 있다. 교육 잡지의 편집자들과 회의 기획자들로서는 현재 사회에 일어나고 있는 신기한 현상을 적극적으로 따라잡아야 한다. 일부 교수들도 그런 분위기에 기꺼이 편승하려 들고 있다. 출판사들도 시류를 따르지 않아야 할 이유가 없다. 그리하여 '새로운 심리학'이라는 표현이 터무니없는 생각들을 뭉뚱그려 표현하는 용어가 되었으며, 여러분처럼 유순하고 감수성 풍부하고 포부가 큰 선생님들도 심리학을 둘러싼 모호한 논의에 빠져들고 있다. 그런데 이 논의는 계몽적인 측면보다 심리학을 신비화하는 측면이 훨씬 더 강하다. 전반적으로 볼 때, 심리학을 신비화하는 측면이 이 시대의 선생님들에게도 피해를 입히고 있는 것 같다.

심리학에 대해 논하기 전에, 나는 먼저 심리학을 신비화하는 경향을 바로잡기 위해 나 나름대로 할 수 있는 일부터 하고 싶다. 그래서 나는 '새로운 심리학'이라는 이름에 걸맞은 그런 심리학은 절대로 없다는 점을 강조한다. 영국 철학자 존 로크(John Locke)의 시대에 시작한 해묵은 심리학밖에 없다. 거기에 뇌와 감각에 관한 약간의 생리학과 진화론, 자기성찰적인 요소들이 더해졌을 뿐이다. 이 중에서 선생님들에게 진정으로 가치를 지니는 것은 오직 심리학의 근본적인 개념들뿐이다. 진화론을 제외하고, 이 개념들은 새로운 것과는 거리가 한참 멀다. 이 강의가 끝나고 나면 여러분이 이 말의 뜻을 더 잘 이해할 수 있게 될 것이다.

더욱이, 심리학이 마음의 법칙을 다루는 과학이라고 해서 여러분이 거기서 당장 교실에서 활용할 수 있는 프로그램이나 도구나 방법을 끌어낼 수 있을 것이라고 기대한다면, 그건 중대한 실수가 될 것이다. 심리학은 과학이고, 가르치는 것은 기술이다. 과학이 직접적으로 기술을 낳는 경우는 절대로 있을 수 없다. 그 중간에 반드시 창의적인 마음이 개입해야 한다. 그런 마음이 독창성을 발휘하면서 과학을 응용할 수 있는 길을 열어야만 기술이 나올 수 있는 것이다.

논리학을 배운다고 해서 사람이 논리적인 사람이 되는 것은 절대로 아니다. 마찬가지로 윤리학을 배운다고 해서 사람이 올바르게 처신하게 되는 것도 절대로 아니다. 그런 학문들이 최대한 할 수 있는 것은 사람들이 올바르지 않게 생각하거나 처신하려고 할 바로 그때에 말이나 행동을 멈추고 스스로를 점검하게 하고, 또 어쩌다 실수를 저지른 뒤에는 스스로를 보다 분명하게 비판하도록 하는 것이다. 하나의 과학은 기술의 규칙들이 지켜야 할 선(線)을 긋고, 또 그 기술의 추종자가 위반해서는 안 되는 법칙을 제시할 수 있을 뿐이다.

그러나 기술의 추종자가 그 선 안에서 적극적으로 추구하게 될 구체적인 일은 전적으로 그 사람의 천재성에 달려 있다. 어떤 천재는 자신의 일을 이쪽 길로 잘 처리해서 성공할 것이고, 다른 천재는 그와 꽤 다른 길로 잘 처리해서 성공할 것이다. 그러나 그 어떤 천재도 그 선을 넘지는 않을 것이다.

학생들을 가르치는 기술은 지금까지 교실 안에서 구체적인 관찰과 풍부한 창의성을 통해서 발전해왔다. 교수법의 기술을 발달시킨 사람이 요한 프리드리히 헤르바르트(Johan Friedrich Herbart)처럼 심리학자인 경우에조차도, 교육학과 심리학은 서로 나란히 교류했으며, 어떤 의미에서도 교육학이 심리학에서 나왔다고 볼 수 없다. 교육학과 심리학은 서로 조화를 이루었으며, 어느 것도 종속의 위치에 있지 않다. 그러기에 어디서나 교수법은 심리학과 맞아떨어지지만, 심리학과 맞아떨어지는 교수법이 반드시 단 하나일 필요는 없다. 왜냐하면 다양한 교수법이 똑같이 심리학의 법칙과 일치할 수 있기 때문이다.

그러므로 심리학을 안다고 해서 훌륭한 선생님이 될 수 있는 것은 절대로 아니다. 훌륭한 선생님이라는 결실을 거두기 위해선 추가적인 재능과 행복을 추구하려는 긍정적인 성향, 그리고 학생 앞에서 해야 할 말과 행동을 분별하는 능력 등이 두루 갖춰져야 한다. 학생을 접촉하고 또 지속적으로 살피는 데 필요한 섬세함과 구체적인 상황에 필요한 순간적 재치는 선생님이 갖춰야 할 기술의 핵심임에도 불구하고 심리학이 전혀 도움을 줄 수 없는 자질들이다.

심리학과, 심리학에 바탕을 두고 있을 수 있는 일반 교육학은 사실 전쟁학과 아주 비슷하다. 어떠한 것도 심리학과 전쟁학의 원리보다 더 단순하고 더 명확할 수 없다. 전쟁에서 여러분이 해야 할 일이라곤 적을 자연적인 장애물 때문에 달아나지 못할 그런 곳으로 몰아넣는 것뿐이다. 그런 다음에 적보다 더 많은 병력으로 적을 공격하면 된다. 이때 공격 시기도 중요하다. 적이 아직 여러분이 멀리 떨어져 있다고 생각하고 있는 때가 공격에 가장 적합한 시기이다. 그렇게만 하면 여러분이 이끄는 군대의 노출을 최소화하는 가운데 적군을 죽이고 살아남은 적들을 포로로 잡을 수 있을 것이다.

학생을 가르치는 임무도 이와 다를 바가 하나도 없다. 학생들이 여러분이 가르치려 하는 내용에 관심을 쏟으려는 마음 상태를 갖도록만 하면 된다. 그렇게만 하면 학생들의 주의를 끌 다른 대상들은 자연히 학생들의 마음에서 사라질 것이다. 학생들이 관심을 집중하는 바로 그때, 여러분이 가르치고자 하는 것을 아주 인상 깊게 제시해보라. 그러면 학생은 죽는 날까지 그걸 기억할 것이다. 마지막에는 그 주제와 관련하여 다음에 뭐가 나올 것인지에 대해 학생이 호기심을 잔뜩 품도록 해주라. 원리가 너무나 평범하기 때문에, 전쟁터에서나 교실에서나 똑같이 전쟁의 과학이나 심리학을 마스터한 사람에게는 오직 승리만 있을 것이다.

여러분의 적, 즉 학생의 마음은 언제나 조금의 틈만 생겨도 여러분으로부터 멀어지려 애를 쓰고 있다. 적군의 지휘관의 마음이 전쟁의 과학을 아는 장군의 마음에서 곧잘 벗어나려 하듯이 말이다.

학생들 하나하나가 무엇을 원하고 무엇을 생각하고 있는지, 그리고 학생들이 알고 있거나 모르고 있는 것이 무엇인지를 아는 것은 선생님들에게 정말 힘든 일이다. 그것은 장군이 적의 사령관의 머릿속에 든 것을 알아내는 것만큼이나 힘든 작업이다. 이 대목에서는 심리학적 교수법이나 이론적 전략이 아니라 직관과 통찰이 유일하게 도움을 줄 수 있을 것이다.

그러나 설령 심리학적 원리를 활용하는 것이 긍정적이기보다 부정적인 쪽이라 하더라도, 그렇다고 그것이 훌륭한 활용이 될 수 없다는 뜻은 절대로 아니다. 심리학적 원리들을 활용하면 헛된 실험과 노력을 줄일 수 있는 것은 확실하다. 만약에 심리학자라면, 어떤 방법은 나쁘다는 것을 미리 알 수 있다. 그렇다면 심리학이 여러분을 일부 실수로부터 보호해준다고 할 수도 있을 것이다. 더 나아가, 심리학을 알면 여러분이 택하려는 것을 더 선명하게 미리 그려볼 수 있다.

여러분이 어떤 교육 방법을 이용하려 한다고 가정해보자. 그런 경우에 그 방법이 실제로 현장에서 실천되고 있을 뿐만 아니라 이론까지 갖추고 있다는 사실을 알게 된다면, 여러분은 그 방법에 대한 확신을 더 강하게 품을 수 있을 것이다. 무엇보다, 어떤 대상을 실천과 이론이라는 두 가지 서로 다른 관점에서 보려고 노력하다 보면 여러분은 독립성을 더 많이 누리게 되고 또 여러분의 관심도 새삼 다시 일깨워질 것이다. 대상을 두 가지 각도에서 보는 이유는 여러분의 적인 젊은 생명체를 입체적으로 보고 또 동시에 여러분의 모든 감각과 직관을 동원해 그 생명체를 다루면서 그 생명체의 정신적 기계 장치의 신기한 요소들을 여러분 자신에게 비춰보기 위해서이다. 이런 식으로 얻는 학생에 관한 완벽한 지식은 직관적이고 또 동시에 분석적이기 때문에 틀림없이 모든 선생님들이 목표로 잡아야 하는 그런 지식이다.

여러분과 같은 선생님들에겐 정말 다행하게도, 정신적 기계 장치의 요소들도 명쾌하게 이해될 수 있고 그 작동도 쉽게 파악될 수 있다. 가장 일반적인 요소와 가장 일반적인 작동이 선생님들에게 가장 유익한 부분이기 때문에, 심리학 중에서 선생님이 꼭 알아야 할 필요가 있는 지식은 그리 많지 않다. 심리학이 재미있다고 생각하는 선생님은 원하는 만큼 심리학을 더 깊이 공부할 수 있으며, 심리학 지식을 많이 쌓는다고 해서 더 나빠지는 일은 결코 있을 수 없다.

그래도 다음과 같은 우려가 있을 수 있다는 점을 명심하는 것이 좋다. 어떤 주제를 추상적으로 치열하게 공부하다 보면 그 주제 중에서 특별한 어떤 부분을 중요하게 여기는 경향이 우리 모두에게 쉽게 나타나는데, 바로 그 점 때문에 균형의 상실이 약간 일어날 수 있다는 점이다. 그러나 여러분 대부분은 일반적인 견해만 알아도 충분하다. 그 견해가 옳은 것이어야 함은 말할 필요도 없다. 그런 일반적인 견해라면 손바닥에 적어도 좋을 만큼 간단할 수 있다.

여러분은 선생님으로서 심리학에 기여하거나 심리학적 관찰을 체계적으로 하는 것을 의무로 여길 필요까지는 없다. 아동 연구에 열정적으로 매달리고 있는 일부 전문가들이 그런 식으로 여러분에게 부담을 안기고 있지는 않은지 심히 걱정이 된다. 아동 연구는 반드시 지속되어야 한다. 아동 연구는 아이의 삶에 대한 우리의 감각을 늘 새롭게 만들고 있다. 강의요강을 채우고, 관찰 내용을 적고, 통계를 집계하고, 비율을 계산하면서 즐거움을 느끼는 선생님도 있다. 아동 연구는 분명히 그런 선생님들의 삶을 풍요롭게 할 것이다. 선생님들이 제시한 결과가 통계적으로 처리될 때 대체로 사소한 가치만을 지닌다 하더라도, 일화들과 그것들에 대한 관찰은 틀림없이 학생들을 더욱 깊이 아는 기회를 제공할 것이다. 그러면 여러분의 눈과 귀는 여러분 앞에 있는 아이의 내면에서 책을 통해 읽은 내용과 비슷한 과정들을 더 빨리 식별해낼 수 있을 것이다. 그런 관찰을 하지 않은 선생님이라면 아마 이런 과정들을 쉽게 식별하지 못할 것이다.

그렇다 하더라도 제발 선생님들 본인이 수동적인 독자가 되기를 원한다면 그렇게 할 수 있도록 가만 내버려 뒀으면 좋겠다. 일화 관찰에 기여하지 않더라도 선생님들이 아무런 부담을 느끼지 않도록 해 줘야 한다. 학생을 관찰하는 일을 의무로 정하거나, 그 일을 따분하다고 느끼는 선생님에게 규정을 내세우며 강요하는 일은 없었으면 좋겠다. 나는 학생을 대하는 선생님의 태도는 구체적이고 윤리적이기 때문에 추상적이고 분석적인 심리학적 관찰자의 태도와 정반대라고 주장한 나의 동료 후고 뮌스터베르크(Hugo Münsterberg) 교수의 뜻에 전적으로 동의한다. 일부 선생님들이 선생의 태도와 심리학적 관찰자의 태도를 성공적으로 결합시킬 수 있다 하더라도, 대부분의 선생님의 내면에서는 이 두 가지 태도가 서로 충돌할 것이다.

　심리학을 위한 관찰 임무로 인해 선한 선생님에게 일어날 수 있는 최악의 사태는 선생님이 자칫 자신의 직업에 대해 양심의 가책 같은 것을 느낄 수 있다는 점이다. 왜냐하면 선생님이 자신에 대해 심리학자로는 한심하다는 느낌을 갖게 될 것이기 때문이다. 선생님들은 그렇지 않아도 이미 과중한 업무로 시달리고 있다. 선생님의 업무에 불필요한 일을 더하는 사람은 교육의 적이다. 꺼림칙한 느낌을 받게 되면 같은 일도 몇 배 더 힘들게 느껴지게 마련이다. 나는 아동 연구와 심리학의 다른 분야들이 그동안 순수한 교육자의 마음에 꺼림칙한 감정을 많이 일으켰다는 사실을 알고 있다. 혹시라도 여러분이 그런 기분을 느꼈다면, 나의 이 말이 그 감정을 불식시키는 데 조금이라도 도움이 되었으면 하는 마음 간절하다. 왜냐하면 그것이 바로 내가 심리학의 체계적 신비화라고 불평했던 그 분위기의 부작용이기 때문이다. 최고의 선생님은 어쩌면 아동 연구에 기여하는 바가 가장 적은 선생님일 수 있다. 아동 연구에 가장 많이 기여하는 선생님은 아마 가장 형편없는 선생님일 것이다. 이보다 더 명백한 사실은 없다.

선생님인 여러분이 앞으로 나와 함께 주의를 기울이게 될 주제를 어떤 식으로 대하는 것이 가장 합리적 태도인가 하는 문제에 대한 이야기는 이쯤에서 끝내도록 하겠다.

제2강

의식의 흐름

앞에서 나는 선생님이 학생들을 가르치기 위해 알아둘 필요가 있는 것은 마음의 가장 일반적인 요소와 작동뿐이라는 점을 강조했다.

마음의 과학인 심리학이 가장 먼저 연구해야 하는 사실도 또한 가장 일반적인 사실이다. 그것은 바로 우리가 깨어 있을 때(그리고 종종 잠을 자고 있을 때) 우리 각자의 내면에서 어떤 종류의 의식이 언제나 작동하고 있다는 사실이다. 우리의 내면에는 지식이나 감정, 욕망, 숙고의 어떤 흐름이 있다. 이것을 상태들의 연속이나 물결의 연속 혹은 장(場)들의 연속이라고 불러도 무방할 것이다. 이 흐름 혹은 연속이 끊임없이 흘러가고 또 흘러가면서 우리의 내면생활을 이루고 있다. 이 흐름이 존재한다는 사실이 심리학에서 가장 중요한 사실이다. 심리학이 다루는 가장 근본적인 문제가 바로 이 흐름의 본질과 기원이다.

우리가 의식의 상태 또는 장(場)을 분류하고, 그것의 본질 몇 가지를 파악하고, 그 내용물을 이루는 요소들을 분석하거나 그 장의 연속에 나타나는 습관들을 추적한다면, 우리는 기술적(記述的)이거나 분석적인 차원에서 공부를 한다고 할 수 있다. 반면에 그 흐름이 어디서 나오는지, 또는 그 흐름이 왜 지금과 같은 모습인지를 묻는다면, 우리는 설명적인 차원에서 공부를 하게 된다.

여러분과 함께하는 이 강의에서, 나는 설명적인 차원에서 제기되는 질문들을 전적으로 무시할 것이다. 솔직히 고백해야 할 것이 있다. 의식의 연속적인 장들이 어디서 오는지, 혹은 그 장들이 왜 지금과 같은 그런 내적 구조를 갖게 되었는지 그 이유에 대해 우리는 아직 제대로 모르고 있다는 사실이다.

연속적으로 이어지는 의식의 장들은 틀림없이 뇌 상태를 따르거나 수반하고 있을 것이다. 물론 의식의 장들의 특별한 형태들은 우리의 과거 경험과 교육에 의해 결정되고 있다.

그러나 여기서 뇌가 어떻게 의식의 장을 결정하는가 하는 물음을 던진다면, 우리는 이 질문 앞에서 아주 초라해질 수밖에 없다. 그에 대한 대답을 어떤 식으로 구해야 하는지조차 모르고 있다. 또 만약에 교육이 뇌를 어떤 식으로 형성하는가 하는 질문이 제기된다면, 이 질문에 대한 대답은 가능하긴 하지만 역시 아주 추상적이고 일반적이며 추측적인 용어들이 동원될 수밖에 없을 것이다.

그런 한편, 만약에 의식의 장들이 영혼이라 불리는 어떤 영적인 존재 때문에 생기며 이 영혼은 이런 특별한 형식의 정신적 에너지에 의해서 우리의 뇌 상태에 반응한다고 말한다면, 여기에 쓰인 단어들은 익숙하게 들릴 것이다. 맞는 말이다. 그러나 나는 이 단어들이 순수하게 설명적인 의미를 거의 제시하지 못한다는 의견에 여러분도 동의할 것이라고 생각한다.

진실을 말하면 이렇다. 우리는 설명적인 차원에서는 그 문제에 대한 대답을 전혀 모르고 있다. 어느 방향으로 탐구하면 그 대답이 발견될 수 있을 것이라는 전망이 나오고 있음에도 불구하고, 현재로선 그렇다. 그래서 나는 우리의 목적을 위해서 설명적인 차원의 대답을 전적으로 무시할 것이다. 조금 전에 내가 그 이름에 걸맞은 '새로운 심리학'은 절대로 없다고 말했을 때, 내가 염두에 두고 있었던 것도 바로 이런 상황이었다.

앞에서 말한 바와 같이, 우리는 의식의 장들을 갖고 있다. 이것이 첫 번째 일반적인 사실이다. 두 번째 일반적인 사실은 개개의 장은 언제나 복합적이라는 점이다. 개개의 의식의 장은 의지의 결심 외에, 신체의 감각과 주변의 대상에 대한 감각, 과거 경험의 기억, 먼 곳에 있는 것들에 대한 생각, 만족과 불만족의 감정, 욕망과 혐오를 비롯한 다양한 감정 상태 등을 포함하고 있는데, 이 요소들은 온갖 변형을 보이며 서로 결합되어 있다.

우리의 개별적인 의식 상태들의 대부분을 보면, 이런 다양한 종류의 구성요소들이 어느 정도는 동시에 있는 것으로 확인된다. 이때 이 구성요소들이 서로 결합하면서 차지하는 상대적 비중은 매우 유동적이다. 한 의식 상태는 감각들로만 구성되어 있는 것처럼 보일 수 있고, 다른 의식 상태는 거의 기억으로만 구성되어 있는 것처럼 보일 수 있다. 그러나 주의 깊게 들여다보면 그 감각의 주위에 언제나 생각 혹은 의지의 가장자리가 있을 것이고, 기억의 주위에 감정 혹은 감각의 가장자리 혹은 분위기가 있을 것이다.

의식의 장들 대부분에는 매우 뚜렷한 감각의 핵심이 있다. 예를 들어 보자. 지금 여러분은 생각하고 느끼는 한편으로 눈을 통해서 나의 얼굴과 몸의 감각을 받아들이고 귀를 통해서 나의 목소리의 감각을 받아들이고 있다. 이런 경우에 감각은 현재 작동하고 있는 의식의 장의 중심 또는 초점을 차지하고 있으며, 생각과 감정은 의식의 장의 가장자리를 차지하고 있다.

그런 한편, 생각의 일부 대상, 즉 멀리 있는 이미지도 내가 말을 하고 있는 동안에도 여러분의 정신적 주의의 초점이 될 수 있다. 요약하면, 여러분의 마음이 강연자인 나에게서 벗어나 떠돌 수 있다는 뜻이다. 그런 경우에 나의 얼굴과 목소리의 감각들은 여러분의 의식의 장에서 완전히 사라지지는 않아도 그 장에서 매우 흐린 가장자리 쪽의 자리를 차지하게 될 것이다.

다시 여기에 약간의 변형을 가한다면, 여러분의 신체와 연결된 일부 느낌은 내가 강연을 하고 있는 동안에도 가장자리에서 초점 쪽으로 옮겨갈 수 있다.

　'초점 대상'(focal object)이나 '가장자리 대상'(marginal object)이라는 표현은 영국 심리학자 로이드 모건(Lloyd Morgan)에게 빚진 바가 큰데, 이 표현에 대해서는 추가 설명이 필요하지 않을 것 같다. 이 표현들이 뜻하는 구분이 매우 중요하며, 여러분에게 외워두기를 요구하는 첫 번째 전문적인 용어이다.

　이렇듯 우리의 의식의 장들은 끊임없이 바뀌고 있다. 하나의 의식의 장이 다른 의식의 장으로 녹아드는 과정은 종종 아주 점진적이며, 이 과정에 내용물이 온갖 방식으로 재배치된다. 초점은 거의 변하지 않고 그대로 남는 가운데 가장자리가 급속도로 변화하는 경우도 간혹 있다. 또 초점이 변화하고 가장자리가 그대로 남는 경우도 간혹 있다. 또 가끔은 초점과 가장자리가 동시에 변화하는가 하면, 의식의 전체 장이 돌발적으로 급변하는 경우도 간혹 있다.

　한 의식의 장이 다음 의식의 장으로 녹아드는 것을 정밀하게 묘사하는 것은 거의 불가능한 일이다. 우리가 아는 것이라곤 각 의식의 장이 그 소유자에게 일종의 실용적 통일성을 지닌다는 점과 이 같은 실용적인 관점에서 우리가 어떤 의식의 장을 감정의 상태나 혼란의 상태, 감각의 상태, 추상적 사고의 상태, 의지의 상태 등으로 부름으로써 의식의 장들을 서로 비슷한 것끼리 모아서 분류할 수 있다는 것 정도뿐이다.

이런 식으로 의식의 흐름을 설명하는 것이 모호하고 막연하게 들릴지라도, 이 설명은 적어도 중대한 실수를 피할 수 있고 억측이나 가설로부터 자유로울 수 있다.

영향력 있는 심리학의 한 학파는 개요의 모호함을 피하기 위해 분석을 더욱 예리하게 다듬음으로써 모든 것을 보다 정확하고 보다 과학적으로 보이도록 노력했다. 이 학파에 따르면, 의식의 다양한 장들은 아주 명확한 기본적인 정신 상태들이 모자이크 형식으로 혹은 화학작용처럼 서로 결합한 결과라고 한다. 일부 사상가들, 예를 들어 허버트 스펜서(Herbert Spencer)나 이폴리트 텐(Hippolyte Taine) 같은 사상가들에 따르면, 의식의 다양한 장들은 종국적으로 기본적인 작은 정신 입자 혹은 '마음의 질료'의 원자들로 분해되고, 이 입자 혹은 원자를 바탕으로 모든 정신 상태들이 구축된다고 한다.

존 로크는 이 이론을 다소 모호한 형식으로 소개했다. 로크의 표현을 그대로 쓴다면, 로크에겐 감각과 생각의 단순 '관념'이 우리의 정신적 건축물을 짓는 데 쓰이는 벽돌들이다. 만약에 이 이론에 대해 다시 언급해야 하는 상황이 벌어진다면, 나는 그것을 '관념'의 이론이라고 부를 것이다. 그러나 나는 이 이론을 최대한 피하려 노력할 것이다. 참이고 거짓이고를 떠나서, 이 이론도 어쨌든 추측에 지나지 않기 때문이다. 선생님으로서 여러분이 추구하는 실용적 목적을 고려한다면, 끊임없이 변화하는 장을 가진 의식의 흐름이라는, 그보다 훨씬 더 깔끔한 개념으로도 충분할 것이다.

제**3**강

행동하는
유기체, 아이

이번 강의에서도 나는 의식의 흐름의 기능들을 쉽게 파악할 수 있는 방법이 있는지에 대한 물음을 던짐으로써 의식의 흐름의 특성들에 대한 설명을 계속하고 싶다.

의식의 흐름은 두 가지 기능을 갖고 있다. 이 기능들은 아주 분명하다. 한 가지 기능은 지식을 낳는 것이고, 다른 한 기능은 행동을 낳는 것이다. 이 두 가지 기능 중에서 어느 것이 더 근본적이라고 할 수 있을까?

바로 이 대목에서 역사 깊은 어떤 견해 차이가 끼어든다. 일반 대중은 언제나 어떤 사람의 정신적 작용이 지니는 가치를, 그 정신적 작용이 그 사람의 현실적 삶에 끼친 효과를 바탕으로 평가하려는 경향을 보였다. 그러나 철학자들은 대체로 대중과 다른 관점을 좋아했다. 철학자들은 이렇게 말했다. "인간이 누리는 최고의 영광은 이성적인 존재가 되는 것이고, 절대적이고 영원하고 보편적인 진리를 아는 것이다. 따라서 인간의 지능을 실용적인 일에 사용하는 것은 부차적인 문제이다. 인간의 영혼이 순수하게 관심을 두고 있는 것은 바로 '이론적인 삶'이다."

이 견해 중 어느 것을 택하느냐에 따라, 말하자면 실용적인 이상을 강조하느냐 이론적인 이상을 강조하느냐에 따라 우리의 개인적 태도는 하늘과 땅만큼의 차이를 보일 것이다. 우리의 개인적 태도에 영향을 미치는 요소 중에서 이 견해 차이보다 더 중요한 것은 없다. 이론적인 이상을 강조한다면, 감정과 열정을 멀리하며 인간사의 갈등으로부터 초연하려는 태도는 용서도 될 뿐 아니라 칭송의 소리까지 들을 만하다. 또 침묵과 명상에 이로운 모든 것은 가장 완벽한 인간성을 낳는 것으로 여겨진다.

그러나 실용적인 이상을 강조하는 경우라면 이야기는 많이 달라진다. 명상하는 사람은 불완전한 인간 존재로 여겨질 것이고, 열정과 실용적인 자원은 인간의 영광이 될 것이다. 또 우주가 간직한 비밀을 밝히는 어떤 결실은 수동적인 정신문화의 그 어떠한 것과도 비교되지 않을 만큼 커 보이고, 또 행동은 교육이라는 이름을 붙일 만한 가치가 있는 모든 교육의 시금석으로 통할 것이다.

우리 시대의 심리학에서, 그 강조의 초점이 플라톤(Plato)과 아리스토텔레스(Aristotle)와 고전적 전통에 속하는 철학자들이 강조해

온 마음의 이성적인 기능에서부터 그 사이에 오랫동안 무시되어 왔던 실질적인 측면으로 옮겨가고 있다는 사실을 숨기는 것은 불가능하다. 이런 변화가 일어나도록 만든 주된 동인은 진화론이다. 지금 우리에겐 인간은 유인원(類人猿) 조상에서 진화했다고 믿을 이유가 있다. 이 유인원 조상의 내면엔 순수한 이성이란 것은 거의 존재하지 않았으며, 이 조상들의 마음은 혹시라도 어떤 기능을 갖고 있었다면 아마 환경에서 나오는 인상들에 행동을 적응시키는 데 필요한 신체 기관의 기능과 비슷했을 것이다. 환경의 인상에 행동을 적응시키는 이유는 당연히 파멸을 보다 잘 피하기 위해서였다.

따라서 의식은 처음에 일종의 생물학적 완전성을 한 가지 더 보태는 것에 불과했을 것이다. 말하자면 의식은 유익한 행위를 촉발시키지 않는다면 아무런 소용이 없는 그런 것이었을 것이다. 그런 식의 고려가 아니고는 의식의 존재에 대한 설명은 불가능하다.

우리의 본성 깊은 곳에서, 우리의 의식의 생물학적 바탕은 그 모습을 숨기지도 않고 또 사라지지도 않은 채 계속 존속하고 있다. 거기에 우리의 감각이 있으면서 우리를 유혹하거나 저지하고, 우리의 기억이 있으면서 우리에게 경고를 보내거나 고무하고, 우리의 감정이 있으면서 우리를 강요하고, 우리의 생각이 있으면서 우리의 행동을 억제하고 있다. 그 결과 대체로 우리는 번영을 이룰 것이며, 우리의 시대는 이 땅에서 오래 이어지게 된다. 우리가 내면에 세속을 초월하는 형이상학적 통찰이나 실용적으로 적용 불가능한 미학적 지각 혹은 윤리적 감각을 아무리 많이 갖고 있다 하더라도, 그런 것들은 단지 복잡한 기계의 작동에 반드시 수반되게 되어 있는 기능의 과잉 정도로 여겨질 것이다.

여기서 나는 강연을 듣고 있는 여러분에게 의식의 생물학적 개념에 대해서는 지금까지 설명한 내용을 그대로 받아들이자고 제안하고 싶다. 그렇다고 그것으로 이론적인 질문을 끝내자는 뜻은 절대로 아니다. 단지 내가 볼 때에 선생님인 여러분에게 그것이 실용적으로 아주 유익한 관점처럼 보이기 때문이다. 아울러 나는 여러분에게 인간은 뭐니 뭐니 해도 원칙적으로 실용적인 존재라는 사실에 방점을 찍자고 제안하고 싶다. 이런 식으로 접근한다면, 실용적인 존재인 인간에게 마음이 주어진 이유는 어디까지나 인간이 이 세상의 삶에 적응하는 데 도움을 주기 위한 것이라고 볼 수 있다.

어떤 문제를 파고들든, 우리는 언제나 그 문제의 한 가지 깊은 측면에서부터 시작해야 한다. 그 측면을 마치 문제의 유일한 측면인 것처럼 따로 분리시키면서 말이다. 그런 다음에 우리가 무시한 측면들을, 말하자면 그 문제를 이루고 있는 다른 측면들을 점차적으로 하나씩 더하는 방식으로 우리 자신을 바로잡아 나가야 한다. 우리의 감각이 '이 세상'으로 알고 있는 것은 단지 우리의 마음이 품고 있는 전체 환경과 대상 중 일부에 지나지 않는다는 사실을 나만큼 강하게 믿는 사람도 없다. 그럼에도 우리의 감각이 이 세상으로 알고 있는 것들이 중요한 부분이기 때문에, 그것은 나머지 모든 것들이 존재하는 데 반드시 필요한 조건이다. 만약에 이 중요한 부분에 관한 사실들을 확실히 파악하고 나면, 여러분은 미답(未踏)의 보다 높은 곳을 향해 나아갈 수 있을 것이다. 그러나 나는 우리의 인생이 너무나 짧은 탓에 완벽한 존재가 되는 것보다 기본적이고 근본적인 존재가 되는 것을 더 좋아한다. 그래서 나는 여러분에게도 이처럼 극도로 단순한 견해를 굳게 지킬 것을 제안한다.

내가 극도로 단순한 견해를 근본적인 견해라고 부르는 이유는 여러 가지가 있다.

첫째, 그런 단순한 견해를 가져야만 인간과 동물의 심리가 보다 쉽게 일관성을 유지할 수 있다는 점이다. 여러분 중에서도 이 이유에 그다지 끌리지 않는 사람이 있을 것이라는 사실을 나는 잘 알고 있다. 그러나 이 이유에 대해 고개를 끄덕이는 선생님도 분명히 있을 것이다.

둘째, 정신의 작용은 뇌의 작용의 영향을 받고 또 뇌의 작용과 나란히 이뤄진다는 점이다. 그러나 우리가 이해하는 한, 뇌는 실용적인 행동을 위해 우리에게 주어졌다. 살갗이나 눈이나 귀에서 뇌 속으로 흐르는 모든 전류는 다시 근육과 선(腺) 혹은 내장을 향해 흘러가면서 우리가 바로 그 전류를 일으킨 환경에 적응하도록 돕는다. 그러므로 뇌의 생활과 정신 생활을 한 가지 근본적인 목적을 가진 것으로 다룬 다면, 우리의 관점을 일반화하고 단순화하는 효과를 누릴 수 있을 것이다.

셋째, 만약에 어떤 개인의 내면에서 도덕적 유토피아나 미학적 비전, 영원한 진리에 대한 통찰, 기발한 논리적 결합 등을 엮어낸 마음이 그보다 앞서서 그 사람에게 실용적으로 더욱 유익한 산물을 만들어낼 수 없었다면, 이 세상의 환경을 직접 건드리지 않는 그런 마음의 기능들, 즉 도덕적 유토피아나 미학적 비전 등도 그 사람의 마음에서 결코 다듬어질 수 없었을 것이라는 점이다. 따라서 실용적으로 보다 유익한 산물들이 더욱 근본적이거나 적어도 더욱 원초적인 결과물이라고 말할 수 있을 것이다.

넷째, 비근본적이고 '비실용적인' 정신 작용들은 우리의 행동이나 환경에 대한 적응과 겉으로 보이는 것보다 훨씬 더 밀접하게 연결되어 있다는 점이다. 아무리 추상적인 진리라 할지라도 우리의 행위에 언젠가는 영향을 미치지 않는 진리는 있을 수 없다.

여기서 내가 말하는 행위는 아주 광범위한 의미의 행위를 뜻한다는 점을 기억해주길 바란다. 말도 포함되고, 글쓰기도 포함되고, '예스'나 '노'라는 대답도 포함되고, 사물로부터 멀어지려는 경향이나 사물에 가까워지려는 경향도 포함되고, 정서적 편향도 포함된다. 나는 또한 행위라는 표현을 현재만 아니라 미래의 것까지 포함하는 것으로 쓰고 있다. 내가 이렇게 강연을 하고 있고 여러분이 내 말을 듣고 있는 지금, 여기엔 마치 아무런 행위가 따르지 않는 것처럼 보일 수 있다. 여러분은 그것을 실용적인 결과가 전혀 따르지 않는, 순수하게 이론적인 과정이라고 부를 수 있을 것이다.

그러나 거기에도 실용적인 어떤 결과가 따르게 되어 있다. 그 이론적인 과정이 여러분의 행동에 영향을 미치지 않는 상태에서는 절대로 일어날 수 없기 때문이다. 비록 오늘은 아닐지라도 먼 미래의 어느 날엔, 여러분은 지금 생각하고 있는 바로 그것 때문에 일부 문제에 대해 지금과 달리 대답하게 될 것이다. 여러분 중에서 일부는 나의 강연에 자극을 받아 새로운 맥락의 탐구 활동을 시작할 수도 있고, 전문적인 서적들을 읽을 수도 있다. 이런 행위들이 여러분의 의견을 발달시키게 될 것이다. 그러면 그 의견은 밖으로 표출될 것이고, 이어서 여러분의 환경 안에 있는 사람들로부터 비판을 받게 될 것이다. 따라서 그 의견은 최종적으로 다른 사람들이 여러분을 보는 시각에도 영향을 미치는 결과를 낳을 것이다. 우리는 숙명을 피하지 못하는데, 이 숙명은 실용적이다. 그리고 대단히 이론적인 기능들까지도 숙명의 전개에 영향을 미친다.

이런 몇 가지 이유들을 고려한다면, 아마 여러분은 나의 제안에 보다 쉽게 동의하게 될 것이다. 선생님들이 학생들의 미래 행동을 염두에 두는 가운데서 학생들의 심리에 접근한다면, 언제나 좋은 결과가 따를 것이라고 나는 믿는다. 여러분은 학생이 행동하도록 훈련시키는 것을 직업적 임무로 받아들여야 한다. 그러는 가운데 학생의 행동을 학생의 태도라는 좁은 관점에서 볼 것이 아니라 아주 넓은 관점에서 보아야 한다. 학생이 삶을 살아가면서 온갖 상황 앞에서 보일 반응도 당연히 학생의 행동에 포함시켜야 한다.

정말이지, 학생의 반응은 종종 부정적인 반응일 것이다. 현실 속에서 일어나는 비상사태들 앞에서, 여러분이 실천해야 할 가장 중요한 의무 하나는 어쩌면 학생들의 그런 반응 앞에서도 말을 하지 않는 것, 말하자면 아무런 조치를 취하지 않는 것일 수 있다. "그대는 자제하고, 포기하고, 삼가야 하리라!"(괴테(Johann Wolfgang von Goethe)가 남긴) 이 가르침은 상당한 의지를 요구하고, 생리학적으로 고려한다면, 이는 운동 근육을 움직이는 것만큼이나 적극적인 신경 작용이다.

제**4**강

교육과 행동

앞의 강의에서 우리는 교육이 의미하는 바가 무엇인지에 대해 아주 간단하게 살펴보았다. 최종적으로, 교육은 인간 존재의 내면에 있는, 행동을 일으킬 온갖 자원들을 그 사람의 사회적 및 물리적 세계에 적합하도록 조직화하는 것이다. '교육을 받지 않은' 사람은 습관적인 상황이 아닌 상황 앞에서 어찌할 바를 모르는 사람이다. 반대로, 교육을 받은 사람은 자신의 기억에 담긴 예들과 자신이 습득한 추상적인 개념들을 이용하여 그때까지 한 번도 경험하지 못한 상황으로부터 스스로를 실질적으로 해방시킬 줄 아는 사람이다. 요약하면, 교육에 대한 설명 중에서는 습득된 품행 습관과 행동 경향들을 조직화하는 것이 교육이라는 설명이 최고이다.

예를 들어 보자. 여러분과 나는 제각각으로 생겼고, 우리 모두는 각자 나름대로 여러 가지 방법으로 교육을 받았다. 지금 이 순간 우리는 각자가 받은 교육을 서로 다른 품행으로 보여주고 있다. 여기서 기술적으로 또 전문적으로 조직된 마음의 소유자인 내가 지금 내 앞에 있는 여러분한테서 시각적 자극을 받는 가운데서도 가만히 침묵을 지키면서 아무런 행동을 하지 않고 있는 것은 거의 불가능한 일일 것이다. 무엇인가가 나에게 말을 해야 한다고 속삭이고 있고, 무엇인가가 나로 하여금 계속 말을 하도록 강요하고 있다.

나의 발음 기관은 지금 나의 뇌에서 나오는 전류의 자극을 지속적으로 받고 있는데, 뇌에서 나오는 이 전류는 나의 눈에서부터 교육이 된 나의 뇌 쪽으로 흐른 전류가 작동시킨 것이다. 이 전류가 일으키는 특별한 동작은 내가 과거에 한 모든 강의와 독서라는 훈련에 의해 결정된 형식과 순서를 갖고 있다.

한편, 여러분의 품행은 처음에 순수하게 수동적이고 소극적인 것처럼 보일 수 있다. 여러분 중에서 지금 강의 내용을 메모하고 있는 사람들은 제외시켜야 하겠지만 말이다. 그러나 여러분이 지금 수행하고 있는 듣기는 그 자체로 확정적인 종류의 행위이다. 여러분이 귀를 기울일 때, 여러분의 육체의 모든 근육 장력이 특별한 방식으로 분배된다. 여러분의 머리와 눈은 특별한 방향으로 고정된다. 그러다 강의가 끝나면, 앞 장에서 말한 바와 같이, 여러분의 행동에 불가피하게 약간의 변화가 일어날 것이다. 이를테면, 여러분은 교실에서 간혹 일어나는 비상사태에 지금 내가 하는 강의 때문에 달리 대처할 수도 있을 것이다.

마찬가지로, 여러분이 교실에서 학생들에게 남기는 인상에도 약간의 변화가 있을 수 있다. 여러분이 학생들에게 각인시키는 모든 인상은 그 학생들의 정서적, 사회적, 육체적, 음성적, 기술적 행동 능력의 습득으로 이어진다는 점을 늘 명심해야 한다.

사실이 이러하기 때문에, 여러분은 개념을 불합리할 만큼 세밀하게 분류하면서 소란을 떨 것이 아니라 일반적인 방식으로, 마음의 생물학적 개념을 다루는 이 강의를 실용적인 이용을 위해 주어진 기회로 받아들이려 노력해야 한다. 그러면 그 개념은 여러분의 교육적 임무의 많은 부분에 확실히 적용될 수 있을 것이다.

여러 국가에서 널리 받아들여지고 있는 교육의 다양한 이상들을 놓고 깊이 생각해 보면, 그 이상들의 목표가 학생들의 행동 능력을 조직화하는 것이라는 사실이 확인될 것이다. 이 같은 목표는 독일에서 가장 분명하게 드러나고 있다. 독일의 경우에 고등 교육의 명시적인 목적은 학생을 과학적 발견을 향상시키는 데 필요한 도구로 바꿔놓는 것이다. 독일 대학들은 매년 배출하는 젊은 전문가들의 숫자를 자랑하고 있다. 이 젊은 전문가들은 반드시 독창적인 지적 능력을 지닌 사람들이 아니고 연구를 잘 하도록 훈련된 젊은이들이다. 그래서 교수가 이들에게 역사적 혹은 철학적 주제를 주거나 연구실 일을 주면서 그걸 수행할 최선의 방법을 암시하기만 하면, 이 전문가들은 스스로 작업을 시작하고 그 과정에 도구를 이용하고 또 조언을 청한다. 이 전문가들이 아주 열심히 연구에 매진하기 때문에, 정해진 기간이 지나면 그 주제에 관한 기존의 정보 창고에 더할 가치가 충분한 새로운 진리가 조금은 거둬들여진다. 독일에서는 이런 식으로 자신이 연구에 효과적인 도구라는 점을 보여주는 능력이 학문적 발달에 대한 최고의 기여로 꼽히고 있다.

영국의 예를 보자. 영국 대학교의 고등 교육은 얼핏 보면 이 같은 역동적인 과학적 효율성을 향상시키는 것이 아니라 정적인 유형의 인물을 배출하는 것을 목표로 잡고 있는 것처럼 보인다. 벤저민 조엣 (Benjamin Jowett) 교수는 옥스퍼드 대학이 학생들에게 해줄 수 있는 것이 무엇이냐는 질문에 대해 "영국 사람에게 영국 신사가 되는 방법을 가르칠 수 있다."고 대답한 것으로 전해진다. 그러나 만약에 여러분이 영국 신사가 '되는 것'이 무슨 의미인지를 묻는다면, 그에 대한 유일한 대답은 품행과 행동의 측면에서 나올 것이다. 한 사람의 영국 신사는 한 묶음의 특별히 적절한 반응들이라고 볼 수 있으며, 또 삶의 온갖 돌발적인 사건 앞에서도 행동 노선을 분명히 예상할 수 있는 그런 존재이다. 다른 분야에서와 마찬가지로 여기서도 영국은 모든 사람이 자신의 의무를 다할 것으로 기대한다.

제5강

반응의 필연성

만약에 앞에서 말한 내용이 모두 사실이라면, 거기서 한 가지 중요한 가르침이 나온다. 논리적으로 볼 때 교실 안에서 행해지는 선생님의 전반적인 행동을 지배해야 하는 그런 가르침이다.

인상을 받아들이면 반드시 반응이 나타나게 되어 있고, 또 모든 인상은 그에 상응하는 표현을 불러일으키게 되어 있다는 점이다. 선생님이 절대로 망각해서는 안 되는 위대한 가르침이다.

학생의 눈이나 귀를 거쳐 들어가기만 할 뿐 학생의 능동적인 삶에 전혀 아무런 변화를 일으키지 못하는 인상은 쓸모없는 인상이다. 그런 인상은 생리학적으로 미완성이다. 그런 인상은 능력의 습득이라는 측면에서 아무런 결실을 낳지 못한다. 그런 인상은 단순한 인상으로서도 기억에 적절한 효과를 남기지 못한다. 왜냐하면 그 인상이 습득된 기억들 사이에 남으려면 우리의 정신 작용들의 순환 속으로 녹아들어야 하기 때문이다.

정신 작용의 순환을 마무리짓는 것은 그 인상이 운동 근육에 남기는 효과이다. 그 인상이 어떤 행위의 과정에 영향을 미치고, 그 영향이 그 행위를 한 사람 본인의 마음으로 행위를 했다는 감각으로 돌아와서 그 인상과 연결될 수 있어야만 하나의 정신 작용이 끝나는 것이다. 아주 오랫동안 남는 인상은 우리가 말을 하게 하거나 행동을 하게 하거나 내적으로 공명을 일으키게 하는 인상이다.

교실에서 기계적으로 가르치며 학생이 앵무새처럼 되풀이하게 하던 옛날 방식의 교수법은 단순히 듣기만 하고 말로 반복하지 않는 것은 마음에 달라붙는 힘이 약하다는 사실에 근거한 것이었다. 따라서 말로 반복하는 것은 인상에 대한 반응으로 매우 중요한 행동이다. 교육의 처음이자 끝이랄 수도 있는, 앵무새처럼 외우게 하는 옛날식 교수법이 반대 여론에 밀려 완벽한 훈련의 한 요소로서 지니는 아주 중요한 가치가 오늘날 지나치게 무시되고 있는 것이 아닌가 하는 걱정이 앞선다.

여기서 현대적 교수법을 보도록 하자. 그러면 현재 학교들이 성공을 거두는 요소로 꼽히고 있는 다양한 실물 교수법이 학생들의 반응의 범위를 엄청나게 확장했다는 사실이 확인되는 한편으론, 말로 하는 반응은 대단히 유익함에도 불구하고 충분하지 않게 되었다는 사실이 확인될 것이다.

학생이 쓰는 단어들이 겉으로는 정확해 보이지만, 그 단어들이 뜻하는 개념을 파고들면 무서울 만큼 엉뚱한 때가 자주 있다. 현대식 학교에서, 학생에게 요구되는 것 중에서 암송이 차지하는 비중이 아주 작아진 탓에 일어나고 있는 현상이다.

학생은 공책에 배운 내용을 적어야 하고, 그림과 지도를 그려야 하고, 계획을 짜야 하고, 측정을 해야 하고, 실험실에 가서 실험을 해야 하고, 권위자들과 상담해야 하고, 에세이를 써야 한다. 그러나 학생은 혹시라도 수업 계획서에 '독창적인 활동'이라는 항목에 적을 경우에 종종 아웃사이더들의 비웃음을 사는 것을 혼자서 자기 방식대로 해야 한다. 이런 활동은 아웃사이더들의 비웃음을 살지라도, 훗날 독창적인 활동을 위한 훈련으로는 유일한 방법인데도 정작 학교 안에서는 무시되고 있는 것이다.

최근 몇 년 사이에 중등 교육에서 이뤄진 눈부신 향상은 공작 활동의 도입에 따른 것이다. 이 학교들이 가정생활을 보다 잘 꾸려나가고 또 직업에 필요한 기술을 많이 갖춘 사람들을 배출하게 되어 있어서가 아니라, 완전히 다른 지적 소질을 가진 시민들을 배출하게 되어 있어서 좋은 평가를 받는 것이다.

실험실 활동과 공작 활동은 관찰하는 습관을 배양하고, 정확성과 모호성의 차이를 알게 하고, 자연의 복잡성에 대한 통찰을 얻게 한다. 또 현실 속의 현상에 대한 추상적인 설명은 사람의 마음에 한 번

흡수되기만 하면 평생 거기에 남는데, 실험실 활동과 공작 활동은 이처럼 말로 추상적으로 설명하는 것이 대단히 부적절하다는 사실을 알게 한다.

실험실 활동과 공작 활동은 정밀성을 키워준다. 어떤 사물을 만들 때에 정확성을 기하지 않으면 그것이 제대로 만들어지지 않기 때문이다. 또 그런 활동은 정직성을 키워준다. 왜냐하면 말로 하지 않고 사물을 직접 제작하면서 스스로를 표현할 때에는 자신의 모호함이나 무지를 숨기는 것이 불가능해지기 때문이다.

실험실 활동과 공작 활동은 또 자립의 버릇을 낳는다. 그런 활동을 할 때면 학생이 언제나 관심과 주의를 즐거운 마음으로 쏟기에 학생을 훈련시키는 선생님의 역할이 최소한으로 줄어들기 때문이다.

다양한 종류의 공작 훈련 중에서, 나무를 이용한 공작의 경우에는 심리학적으로 고려한다면 스웨덴의 슬로이드(Sloyd) 방식이 최고인 것 같다. 다행히도 공작 훈련 방법이 모든 대도시로 느리지만 꾸준히 전파되고 있다. 그러나 공작 훈련의 중요성에 비춰본다면 아직 보급률은 적정선에 크게 못 미치고 있다.

표현을 불러일으키지 않는 외부 인상은 절대로 있을 수 없다. 마음을 환경에 적응하는 행동에 유익한 도구로 보는 우리의 혁명적인 관점이 교수법을 위해 거둔 첫 결실이 바로 이 같은 결론이다. 그러나 그 연장선에서 한 마디 더 하고 싶다. 그 표현 자체가, 내가 조금 전에 암시한 바와 같이, 추가적인 인상으로, 말하자면 우리가 실제로 한 행동에 대한 인상으로 우리에게 다시 돌아온다는 사실이다. 그리하여 우리는 우리의 행동과 그 결과에 대한 소식을 감각을 통해 듣는다. 결과적으로 우리가 한 말을 듣게 되거나, 우리가 남에게 끼친 영향을 느끼게 되거나, 방관자들의 눈에서 우리의 행동의 성공이나 실패를 읽게 되는 것이다.

우리에게 되돌아오는 인상의 물결은 그 경험 전체를 마무리짓는 것과 관련 있다. 그러기에 학교 교실 안에서도 되돌아오는 인상의 물결이 중요하다는 점에 대해 한 마디 하는 것은 절대로 엉뚱하지 않을 것이다.

사람들은 행동을 한 뒤에 대체로 그 행동의 결과에 대한 인상을 받는다. 그렇기 때문에, 학생이 가능한 모든 일에서 그런 식으로 자신의 행동에 대한 인상을 받도록 해야 한다고 주장하는 것은 아주 자연스럽다. 그럼에도, 시험 성적과 '등수'를 포함한 다른 결과들을 비밀에 부치는 학교가 있다. 이런 학교에서, 학생은 자신의 행동이 자연스레 마무리되는 것을 보지 못해 당혹스러워하고 종종 불확실성으로 인해 힘들어 한다. 학생에게 성적을 알려주지 않는 학교의 방침을, 학생이 외적 보상이 아니라 공부 자체를 위한 공부를 하도록 고무한다는 이유로 옹호하는 사람들이 있다. 물론 여기서도 다른 곳에서와 마찬가지로 구체적인 경험이 심리학적 추론을 압도해야 한다. 그러나 심리학적 추론을 말하자면, 학생이 자신의 성적에 대해 간절히 알고 싶어 하는 것은 그 학생이 자신의 역할을 정상적으로 마무리하고 싶어 하는 마음과 똑같다. 그렇기 때문에 매우 명확한 이유가 없는 한 학생의 그런 마음을 가로막아서는 안 된다.

그러므로 학생들에게 점수와 석차, 장래성 등에 대해 잘 알도록 해주라. 학생 개인을 고려하여 그렇게 하지 말아야 할 특별한 이유가 없는 한, 학생이 자신의 현재 상태에 대해 충분히 알도록 하는 것이 바람직하다.

제**6**강

타고난 반응과
습득된 반응

이제 여러분은 생물학적 개념을 바탕으로 공부를 계속할 준비를 확실히 갖췄을 것이다. 인간은 인상에 반응하는 생명체이다. 인간의 마음은 인간이 반응을 결정하는 것을 돕기 위해 존재하며, 인간을 교육하는 목적은 반응을 더 풍성하게 가꾸고 더 완벽하게 만드는 것이다. 요약하면, 우리의 교육은 가정이나 학교 혹은 훈련을 통해서 반응 가능성의 집합을 확장하는 것에 불과하다. 선생님의 임무는 이 반응을 습득하는 과정을 감독하는 것이다.

사실이 이러하기 때문에, 여기서 나는 습득의 전 과정에 작용하고 있고 또 선생님의 전체 활동을 지배하고 있는 어떤 원리를 제시할 것이다. 그 원리는 다음과 같다.

습득된 모든 반응은 대체로 타고난 반응과 결합된, 일종의 '합병증'과 비슷한 반응이거나 그 대상이 원래 촉발시키게 되어 있는 타고난 반응을 대체하는 반응이다.

선생님의 기술은 타고난 반응을 대체할 반응을 새로 일으키거나 일종의 '합병증'과 비슷한 반응을 끌어내는 데 있으며, 이 기술이 성공을 거두기 위해선 선생님이 아이들의 타고난 반응의 경향들을 긍정적인 자세로 훤히 알고 있어야 한다.

아이들의 타고난 반응에 대한 지식을 갖추지 못할 경우에, 선생님은 아이의 주의나 행동을 전혀 이해하지 못하게 될 것이다. 말을 물가로 끌고갈 수는 있어도 그 말이 물을 마시게 하지는 못하는 법이다. 그렇듯, 여러분은 아이가 학교에 오게 할 수는 있어도 그 아이가 여러분이 전하려는 새로운 것을 배우도록 하지는 못한다. 아이가 그걸 배우게 하려면, 먼저 아이가 본능적으로 반응하게 되어 있는 무엇인가를 갖고 아이를 꾀어야 한다.

배움의 첫 걸음은 아이가 스스로 뗄 수 있어야 한다. 여러분이 아이에게 전하고자 하는 것을 가르치기 위해선 먼저 아이가 무엇인가를 해야 한다는 뜻이다. 그 무엇인가는 좋은 것일 수도 있고 나쁜 것일 수도 있다. 나쁜 반응일지라도 반응이 전혀 없는 것보다는 낫다. 왜냐하면 나쁜 반응이라도 있을 경우에는 여러분이 그 반응을 바탕으로 아이에게 그것이 나쁜 점을 일깨워줄 수 있기 때문이다. 그러나 선생님의 첫 번째 호소에도 아무런 반응을 보이지 않을 만큼 생명력이 시들어 있는 아이가 있다고 상상해 보라. 그런 경우에 여러분은 그 아이를 교육시키기 위해 첫 걸음을 어떤 식으로 뗄 수 있을까?

이런 추상적인 개념을 보다 구체적으로 전하기 위해, 어린 아이를 훌륭한 방법으로 교육시키는 예를 하나 보도록 하자.

아이는 호기심을 끄는 물건이 있으면 무엇이든 손으로 낚아채려는 경향을 타고난다. 그런 본능 때문에 어떤 물건을 낚아채려 하다가 타인이 아이의 손을 치면 아이는 물건에서 손을 뗀다. 이때 아이는 누군가가 자신의 손을 치면 울고, 부드럽게 타이르면 미소를 짓는다. 말하자면 아이에겐 타인의 몸짓을 모방하는 경향이 있는 것이다.

지금 여러분이 선물로 줄 새 장난감을 들고 이 아이 앞에 나타난다고 가정해보자. 아이는 장난감을 보자마자 그걸 낚아채려 들 것이다. 그래서 여러분이 아이의 손을 때린다. 그러자 아이는 손을 거둬들이면서 울음을 터뜨린다. 바로 그때 여러분이 장난감을 높이 들고 미소를 지으며 이렇게 말한다. "장난감 주세요, 라고 공손히 말해 볼래?" 그러자 아이는 울음을 그치고 여러분의 표정을 모방하면서 장난감을 받으며 기쁨에 겨워 자랑한다. 이로써 훈련의 간단한 순환은 마무리된다. 이제 여러분은 그런 인상 앞에서 무조건 낚아채려 들던 아이의 타고난 반응을 '간청'이라는 새로운 반응으로 대체했다.

그러나 만약에 아이에게 기억이 전혀 없다면, 그런 과정도 교육에 아무런 도움이 되지 않을 것이다. 여러분이 아무리 자주 아이에게 장난감을 갖다 주더라도, 앞에 말한 일련의 반응들이 똑같이 다시 일어나게 되어 있다. 여러분이 장난감을 갖고 올 때마다, 그 인상은 일련의 반응을 낳는다. 아이가 장난감을 보고 낚아채려 하고, 그러면 여러분이 아이의 손을 때리고, 아이가 운다. 이어 아이는 여러분의 꾸중을 듣고, 여러분에게 장난감을 정중히 요구한다. 마지막으로 아이가 장난감을 받으며 웃는다. 이런 일련의 반응이 똑같이 이어지는 것이다.

그러나 기억이 있을 경우에, 아이는 장난감을 낚아채려는 순간에 그 전의 경험을 떠올리며 손을 맞은 일과 당혹감에 대해 생각하면서 장난감을 달라고 정중하게 요청했던 일과 그에 대한 보상을 떠올릴 것이다. 그러면서 장난감을 낚아채고 싶은 충동을 억누르고, 그 충동을 '멋진' 반응으로 대체하면서 중간 단계들을 모두 배제함으로써 즉시 장난감을 손에 넣게 된다. 만약에 아이가 처음에 느끼는 낚아채려는 충동이 지나치게 강하거나 아이의 기억력이 형편없다면, 습득된 반응이 확실한 버릇으로 자리 잡기까지 그런 훈련이 여러 차례 반복되어야 할 것이다. 그러나 교육을 받아들이는 속도가 빠른 아이의 경우에는 단 한 차례의 경험으로도 충분할 것이다.

반응이 일어나는 전체 과정을 뇌의 그림을 이용해 쉽게 설명할 수 있다. 이 그림은 순간적으로 일어나는 경험을 상징적으로 공간적인 용어로 바꿔놓은 것에 지나지 않는다. 이처럼 간단한 그림도 이해에 유익할 수 있다. 그래서 여기에 그림을 소개한다.

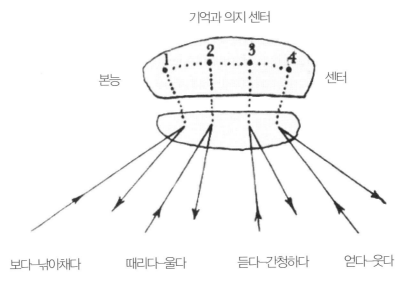

기억과 의지 센터

본능   센터

보다-낚아채다   때리다-울다   듣다-간청하다   얻다-웃다

<도표1> 교육이 이뤄지기 전에 일어나는 뇌의 과정

　　<도표 1>은 본능 센터에 의해 실행되는 4개의 반사행동이 연속적으로 일어나는 경로를 보여주고 있다. 본능 센터와 그보다 차원이 높은 기억과 의지 센터를 연결하는 점선은 기억의 과정을 보여주고 또 그 반응들이 일어나면서 차원이 높은 센터에 일으키는 연상의 과정을 보여주고 있다.

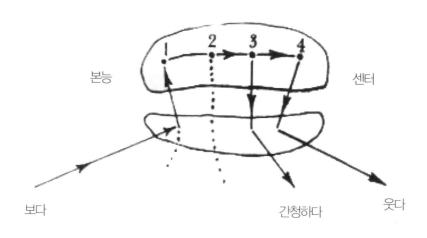

기억과 의지 센터

본능

센터

보다

간청하다

웃다

<도표 2> 교육이 이뤄진 후에 일어나는 뇌의 과정

　〈도표 2〉는 최종 결과를 보여주고 있다. '보는' 인상이 기억을 일
깨우며, 이때 일어나는 유일한 반응은 '간청하고' '웃는' 것이다. '손
을 때리더라'는 생각이 2번 센터의 과정과 연결되면서 '낚아채는' 것
을 억제하며 그런 행동이 일어나지 못하게 만든다. 그래서 '낚아채
는' 행위는 끝까지 가지 않고 방전된다는 뜻에서 점선으로만 표시되
고 있다. '우는' 반응도 마찬가지이다. 말하자면 '낚아채는' 반응과
'우는' 반응은 '보다'에서 '웃다'까지 고차원의 센터를 가로지르는
전류에 의해 건너뛰게 된다. 이리하여 아이가 다른 사람의 손에 낚아
챌 수 있는 물건이 들려 있는 것을 보게 될 때, '낚아채다'라는 원래

의 반응을 대체하게 된 '간청하다'와 '웃다'라는 반응이 마침내 즉각적으로 나오게 된다.

그렇다면 선생님이 가장 먼저 이해해야 할 사항은 학생들이 타고난 반응의 경향이다. 어린 시절의 충동과 본능에 대해 우선적으로 배워야 한다는 뜻이다. 그렇게 하면 어떤 반응을 새로운 반응으로 대체하는 것이 가능해지고, 아이들의 타고난 반응을 인위적인 대상으로 돌리는 것도 가능해진다.

인간이 하등 동물과 다른 점은 타고난 본능과 충동이 다른 동물들에 비해 적다는 사실에 있다는 주장도 있다. 이는 큰 실수이다. 물론 인간은 일부 동물들이 가진 신기한 산란 본능을 갖고 있지는 않다. 그러나 인간을 포유류와 비교한다면, 인간이 다른 어떠한 포유동물보다 훨씬 더 넓은 범위의 대상에 끌린다는 사실을 인정하지 않을 수 없다. 또 이 대상들에 대한 인간의 반응은 대단히 독특하고 확정적이다. 분석에 대한 호기심과 모방의 범위라는 측면에서 인간에 가까운 유일한 존재는 원숭이들, 특히 유인원이다.

인간의 본능적 충동은 인간의 탁월한 추리력 덕에 이차적인 반응으로 대체되고, 따라서 인간은 단지 본능적이기만 한 태도를 잃는다는 말은 맞는 말이다. 그러나 본능의 생명력은 단지 그 사람의 내면에서 위장될 뿐이다. 잃어버리는 것이 아닌 것이다. 그리고 저능아나 치매 환자에게서 나타나는 것처럼, 고차원의 뇌 기능이 중단될 때,

그 사람의 본능은 간혹 본능이 존재하고 있다는 사실을 아주 야만적인 방식으로 보여준다.

그래서 나는 선생님의 관점에서 보면 대단히 중요한 이 본능적인 경향들에 대해 몇 마디 더 할 생각이다.

제7강

타고난 반응이란
무엇인가?

타고난 반응으로 먼저, 공포가 있다. 처벌에 대한 공포는 언제나 선생님의 훌륭한 무기였으며, 앞으로도 교실에서 영원히 중요한 역할을 할 것이다. 이 주제는 모두가 너무나 잘 알고 있기 때문에 언급이 추가로 더 필요하지 않다.

사랑도 마찬가지이다. 우리가 사랑하는 사람을 기쁘게 해 주고 싶은 본능적 욕망을 말한다. 학생들의 사랑을 받는 데 성공한 선생님은 험악한 기질의 선생님이 절대로 끌어내지 못하는 그런 결과를 성취할 것이다.

그 다음으로, 호기심에 대해 몇 마디 할 수 있다. 호기심이라는 단어는 '보다 많을 것을 알고 싶어 하는 충동'을 온전히 의미하는 표현으로는 조금 빈약한 것 같다. 여러분은 지금 내가 뜻하는 바를 쉽게 이해할 것이다.

지각 가능한 대상이 가진 신기한 요소들은 어린 아이의 주의를 잡아끈다. 특히 그 대상의 감각적 특징이 밝고, 생생하고, 눈에 두드러질 때에 아이의 눈길을 더욱 강하게 끌어당긴다. 이때 아이의 주의는 그 대상에 대해 더 많은 것을 알고 싶어 하는 욕망이 누그러질 때까지 계속될 것이다. 보다 완벽한 지식을 추구하려는 충동이 보다 고차원적이고 지적인 형식으로 나타나는 경우에 과학적 혹은 철학적 호기심의 성격을 띠게 된다.

감각적인 형식에서나 지적인 형식에서나 똑같이, 본능은 인생 후반보다 어린 시절과 젊은 시절에 훨씬 더 활발하다. 어린 아이들은 자신에게로 쏟아지는 모든 새로운 인상에 호기심을 강하게 느끼며 쉽게 사로잡힌다. 여러분은 지금 나의 강연에 귀를 기울이고 있지만, 어린 아이는 이런 강연을 채 몇 분도 견뎌내지 못할 것이다. 외부의 광경과 소리가 불가피하게 아이의 주의를 흩트려 놓는다. 그리고 중년의 사람들 대부분에겐 평균적인 학생이 그리스어나 라틴어, 대수나 물리를 마스터하면서 쏟는 그런 지적인 노력은 불가능할 것이다. 중년의 시민은 일상적으로 하는 일의 세부사항에만 관심을 둘 수 있을 뿐이다. 특히 까다로운 추론을 요구하는 새로운 진리는 중년의 능력 밖에 있다.

감각에 대한 어린 시절의 호기심은 특별한 종류의 대상에게 특히 더 잘 끌린다. 물질적인 것과 움직이는 것, 살아 있는 것, 인간의 행동, 인간의 행동에 대한 설명 등은 추상적인 그 어떤 것보다 더 쉽게 아이들의 관심을 끌 것이다. 여기서 실물 교수법과 공작 훈련법의 이점이 다시 확인되고 있다.

물질적인 새로운 대상을 포함하고 있거나 사람의 행위를 포함하고 있는 문제는 거의 자동적으로 학생의 관심을 끌게 되어 있다. 따라서 선생님의 첫 번째 호소는 학생들에게 보여주는 대상이나 직접 보여주거나 설명하는 행위를 통해 이뤄져야 한다.

사춘기에 이를 때까지는 이론적인 호기심이나 사물들의 합리적 관계에 대한 호기심은 거의 일어나지 않는 것으로 여겨진다. 누가 신(神)을 만들었는가, 아니면 왜 인간의 손가락은 다섯 개인가 하는, 아이들이 이따금 던지는 형이상학적 물음은 여기서 중요하게 여길 필요가 없다.

그러나 이론적인 본능이 학생의 내면에서 생생하게 일어나기만 하면, 학생에게는 완전히 새로운 질서의 교육 조건이 시작된다. 원인과 이유, 추상개념이 갑자기 관심을 끌게 되는 것이다. 이는 모든 선생님이 잘 알고 있는 사실이다. 그리고 감각의 발달에서나 이성의 발달에서나 똑같이, 호기심은 어른보다 아이에게서 훨씬 더 분명하게 작동할 것이다. 어른의 경우에는 지적 본능이 너무나 둔해져버린 탓에 본인의 이기적인 관심과 결합되지 않을 경우에는 좀처럼 일깨워지지 않는다. 이 점에 대해서는 곧 설명하게 될 것이다.

다음으로는 모방, 즉 이미테이션(imitation)이 있다. 인간은 언제나 아주 탁월한 모방의 동물로 알려져 왔다. 지금까지 나온 심리학책 중에서 이 사실에 대해 한 줄이라도 언급하지 않은 책은 없다. 그러나 인간의 내면에 있는 모방 충동의 범위와 그 충동의 생산성이 적절히 알려지게 된 것이 불과 몇 년 전의 일이라는 사실은 이상하게 여겨지지 않을 수 없다. 프랑스의 사회학자이자 심리학자인 장 가브리엘 타르드(Jean Gabriel Tarde)가 독창적인 저서 『모방의 법칙』(Les Lois de l'Imitation)을 발표하면서 모방에 관한 연구를 주도했다. 미국에서는 조시아 로이스(Josiah Royce)와 제임스 볼드윈(James Baldwin)이 이 쪽 분야의 연구에 매진했다.

우리 각자가 지금 이런 모습으로 이 자리에 서 있게 된 것은 사실 전적으로 모방의 덕이다. 우리는 다른 사람들을 모방함으로써 우리 자신이 어떤 존재인지를 인식하게 된다. 이 경우에 다른 사람들이 어떤 존재인지에 대한 인식이 앞서 일어나게 된다. 말하자면 패턴에 대한 느낌을 통해서 자기감이 성장한다는 뜻이다.

인류의 축적된 부(富), 이를테면 언어와 예술, 제도, 과학은 볼드윈이 사회적 유전이라고 부른 방법에 의해, 각 세대가 단순히 그 전 세대를 모방하는 방법에 의해 이 세대에서 다음 세대로 넘어간다. 모방이 심리학에서 가장 매력적인 장(章)이긴 하지만, 나는 여기서 모방의 특징에 대해 세세하게 파고들 시간이 없다. 그러나 타르드의 주장을 듣는 순간, 누구나 그 주장이 진실이라는 것을 느낄 수 있을 것이다. 타르드는 넓은 의미에서 말하는 발명과 모방이 인류가 지금까지 역사의 길을 걸어온 두 다리라고 주장했다.

이미테이션은 남과 대등하게 되려는 경쟁, 즉 에뮬레이션(emulation)으로 쉽게 바뀐다. 에뮬레이션은 열등해 보이지 않기 위해서 다른 사람이 하는 것을 보면서 모방하려 드는 충동을 말한다. 이미테이션과 에뮬레이션의 효과는 서로 분리할 수 없을 정도로 깊이 뒤섞이기 때문에, 이 두 가지 충동을 명확히 구분하기는 어렵다. 에뮬레이션은 인간 사회의 신경이라 할 수 있다. 나의 강의를 듣고 있는 여러분은 왜 지금 이 자리에 앉아 있을까? 만약에 여러분이 아는 사람 중에서 '하기 강습회'나 교사들의 연수에 참가해본 사람이 하나도 없다면, 여러분 중에서 금시초문인 이런 강의를 특별히 들어야겠다고 생각할 사람이 있을까? 아마 그런 사람은 아무도 없을 것이다.

여러분의 학생들도 마찬가지이다. 학생들의 이웃에 사는 아이들이 일제히 학교에 보내지지 않는다면, 그 아이들은 여러분에게 결코 오지 않았을 것이다. 우리 모두는 홀로가 되거나 괴짜가 되지 않기를 바란다. 또 우리는 이웃들이 누리는 바람직한 특권 중에서 자신의 몫을 버리지 않기를 바란다.

학교 교실에서도 이미테이션과 에뮬레이션은 결정적인 역할을 한다. 어떤 일을 모든 아이들이 한꺼번에 처리하도록 할 때의 이점을 선생님들은 모두 잘 알고 있다. 가장 큰 성공을 거두는 선생님은 모방하기가 아주 쉬운 삶의 방식을 가진 선생님이다. 선생님은 자신이 하지 않는 일을 학생들에게 하라고 강요해서는 안 된다. "이리 와서 네가 하는 방법을 보여줄래?"라고 말하는 것이 "가서 책에 쓰인 대로 하라."라고 말하는 것보다 비교가 되지 않을 정도로 학생을 강하게 격려할 것이다.

아이들은 재주 있는 선생님을 존경한다. 재주 있는 선생님이 하는 것은 쉬워 보이고, 아이들은 그런 선생님이 하는 것을 모방하길 원한다. 따분하고 무기력한 선생님이 학생들을 훈계하며 정신을 똑바로 차리고 주목하라며 다그쳐봐야 아무 소용이 없을 것이다. 선생님이 먼저 주의를 쏟으면서 모범을 보여야 한다. 그러면 선생님의 모범은 그 어떤 훈계보다도 더 효과적일 것이다.

모든 학교는 나름의 도덕적 및 지적 분위기를 갖고 있다. 이 분위기도 단지 모방으로 내려오는 전통일 뿐이다. 처음에는 선생님들과 공격적이고 지배적인 유형의 학생들이 예를 제시했을 것이고, 이 예는 다른 학생들에 의해 모방되면서 해를 거듭하며 전해졌을 것이다. 그러다 보면 새로 입학하는 학생들은 그 암시를 거의 즉시적으로 받아들인다. 그런 분위기는 바뀌더라도 아주 서서히 바뀐다. 분위기에 변화를 줄 수 있는 사람들은 대체로 성격적인 면에서 단순히 옛것을 모방하는 데서 만족하지 못하고 새로운 패턴을 제시할 만큼 공격적인 사람들이다.

이런 종류의 분위기를 보여주는 고전적인 예가 바로 토머스 아놀드(Thomas Arnold) 박사가 관리를 맡은 영국의 럭비 스쿨이다. 아놀드 박사는 나이가 많은 소년들의 상상력에 박사 본인의 개성을 하나의 모델로 제시했으며, 그러면 이 소년들은 다시 어린 소년들에게 자신들의 개성을 보여주었다.

아놀드 박사의 천재성의 전파력은 대단했다. 그 결과 럭비 스쿨 출신은 학교에 다니면서 습득한 특이한 개성 때문에 언제 어딜 가나 두드러진 것으로 여겨졌다. 심리학은 이 부분에서 구체적으로 제시할 가르침을 전혀 갖고 있지 않다. 교육의 다른 많은 분야에서처럼, 성공은 전적으로 선생님의 타고난 천재성과 공감, 재치, 직관에 좌우된다. 이런 여러 요소들이 어우러져 작용하면서 선생님이 적절한 순간을 잘 포착하고 올바른 예를 제시할 수 있게 하는 것이다.

교수법에 일어난 최근의 개혁 중에서, 경쟁이 따르는 에뮬레이션을 교실 안에서 행위의 바람직한 원천으로 여겨서는 곤란하다는 목소리가 종종 들린다. 오래 전에, 장 자크 루소(Jean-Jacques Rousseau)는 자신의 저서 『에밀』(Émile)에서 학생들 사이의 경쟁을 지나치게 비열한 열정으로 낙인을 찍으며 이상적인 교육에는 그런 열정이 작용해서는 안 된다고 주장했다. 루소는 이렇게 말했다.

"에밀이 다른 아이들과 자신을 비교하도록 해서는 절대로 안 된다. 에밀이 이성의 힘을 갖기 시작하는 순간, 그가 어떠한 경쟁도 하게 해서는 안 된다. 심지어 달리기에서도 경쟁을 해서는 안 된다. 에밀이 질투나 허영을 통해서만 배울 수 있는 것이라면 차라리 배우지 않는 게 백배 더 낫다. 그러나 나는 해마다 에밀이 이루는 진보를 기록할 것이다. 나는 그것을 그가 그 다음 여러 해 동안에 이루는 진보와 비교할 것이다. 그러면서 나는 에밀에게 이렇게 말할 것이다. '지금 너는 몇 인치 더 컸구나. 이젠 너는 도랑도 뛰어 건널 수 있고, 짐도 들 수 있어. 돌멩이를 멀리 던질 수도 있게 되었구나. 달리기도 제법 할 수 있게 되었네. 지금 너는 작년에 비해 얼마나 더 많은 것을 하게 되었는지 몰라!' 이런 식으로 나는 에밀이 다른 사람에게 질투를 느끼지 않게 하면서 에밀을 자극해야 한다. 에밀은 자기 자신을 능가하길 원할 것이다. 나는 에밀이 과거의 자신과 이런 식으로 경쟁을 하게 하는 데에 불편한 맘을 전혀 느끼지 않는다."

틀림없이, 어떤 사람이 자기 자신과 경쟁을 벌이는 것은 숭고한 형식의 경쟁심이며 또한 청년들을 대상으로 한 훈련에서 큰 역할을 하고 있다. 그러나 청년들 사이의 경쟁이 자칫 탐욕과 이기심으로 흐를 수 있다는 이유로 그런 경쟁을 전면적으로 부정하거나 금기시하는 것은 다소 광적인 행위처럼 보인다. 인간의 존재 그 바탕에 경쟁심이 작용하고 있으며, 모든 사회적 향상은 대개 그런 경쟁심의 덕이다. 물론 악의적이고 탐욕스런 경쟁도 있고 숭고하고 관대한 경쟁도 있다. 숭고하고 관대한 형식의 경쟁은 특히 어린 시절에 흔하다.

모든 게임이 재미있는 것은 그것이 지지 않으려는 열정에 뿌리를 내리고 있기 때문이다. 그럼에도 게임은 공정과 아량을 훈련시키는 중요한 수단이다. 선생님이 그런 훌륭한 동맹군을 버릴 수 있을까? 점수나 영예, 상을 비롯한, 남들보다 탁월하려는 노력의 목표들을 학교에서 영원히 추방하는 것이 과연 바람직할까? 남에게 지지 않으려는 열정의 깊고 넓은 본질에 주목해야 하는 심리학자로서, 나는 이 물음에 회의(懷疑)를 품지 않을 수 없다.

현명한 선생님은 다른 본능들을 이용하는 것과 마찬가지로 경쟁 본능을 이용할 것이다. 경쟁 본능에 호소하면서 결실을 거둘 것이다. 이때 호소는 피해를 최소화하면서 이익을 최대화하는 방향으로 이뤄질 것이다. 루소의 원칙을 비판한 프랑스의 어느 전문가의 의견처럼, 우리도 우리 내면에서 솟는 행동의 가장 깊은 원천은 다른 사람의 행동을 눈으로 보는 것이라는 점을 고백해야 한다. 다른 사람들이 노력하는 아름다운 장면은 우리도 노력하도록 자극하고 또 그 노력을 지속하는 데도 도움을 준다.

운동장의 트랙을 줄곧 혼자서 달리는 선수는 자신의 의지로부터 다른 선수들과 경쟁하면서 느끼는 그런 자극의 힘을 결코 끌어내지 못할 것이다. 속보 마차 경기에 나선 말이 속도를 내게 하려면, 경주

용 말이 그 말 옆에서 나란히 달리며 속도를 높여줘야 한다.

이미테이션이 에뮬레이션으로 쉽게 변하듯, 에뮬레이션은 야망으로 쉽게 변하고, 야망은 호전성과 자존심과 밀접히 연결되어 있다. 따라서 지금까지 말한 다섯 가지 본능적인 경향은 서로 밀접히 연결된 요인들의 집단을 형성하는데, 우리의 많은 행동을 보면 이 요소들을 구분하기가 힘든 것으로 확인된다. '야심적인 충동'이라는 이름이 아마 이 본능들의 집단을 아우르는 표현으로 적합할 것이다.

자존심과 호전성은 대체로 청년의 마음에 있어서는 안 되는 열정으로 여겨졌다. 그러나 자존심과 호전성도 보다 세련되고 숭고한 형식으로 학교에서, 그리고 전반적으로 교육에서 중요한 역할을 한다. 일부 성격에는 이 요소들이 노력을 촉진하는 최고의 자극이 된다. 호전성을 굳이 육체적 전투성으로만 생각할 필요는 없다. 어떤 종류의 난관에도 물러서지 않겠다는 각오 정도로 생각하면 된다. 호전성은 우리가 힘든 성취에 도전하게 만드는 바로 그것이며 씩씩하고 모험적인 성격에 반드시 들어 있는 특성이다.

요즘 교육계에서 부드러움의 철학에 대해 논의하는 소리가 많이 들린다. 모든 일에서 '흥미'를 끊임없이 일깨워줘야 하고, 어려움을 제거해줘야 한다는 주장이 자주 제기되고 있는 것이다. '부드러운' 교수법이 옛날의 거친 학습법을 대신했다. 그러나 이런 미온적인 공기로부터 노력이라는 상쾌한 산소가 사라지고 있다.

교육의 모든 단계가 재미있을 수 있다고 가정하는 것은 터무니없다. 경쟁하려는 충동도 종종 건드려져야 한다. 학생이 분수에 겁을 먹거나 떨어지는 물체의 낙하법칙을 모르는 것을 수치스럽게 느끼게 만들고, 학생의 호전성과 자존심을 일깨워줘 보라. 그러면 학생은 자신에 대해 일종의 내적 분노를 느끼면서 어려운 문제를 향해 돌진할 것이다. 바로 이 분노가 학생이 가진 최고의 도덕적 기능 중 하나이다. 그런 조건에서 이룬 승리는 그 학생의 성격에 전환점이자 동시에 위기가 된다. 그것은 그 학생이 지닌 힘의 최고 수준을 나타내며 그 이후로 학생의 자기모방에 이상적인 패턴의 역할을 하게 된다. 학생의 내면에 이런 종류의 호전적인 자극을 절대로 일으키지 않는 선생님은 자신이 휘두를 수 있는 최고의 무기를 하나 썩히고 있다.

다음에 언급할 본능은 소유의 본능이다. 이 본능도 인간의 기본적인 자질의 하나이다. 소유의 본능은 종종 모방과 반대되는 본능이다. 사회 발전이 옛날의 것과 습관을 지키려는 열정에 더 크게 좌우되는지, 아니면 새로운 것을 모방하고 습득하려는 열정에 더 크게 좌우되는지를 판단하는 것은 어려운 문제이다.

소유의 감정은 생후 2년째로 접어들면서 시작된다. 유아가 처음 배우는 말 중에 "내 거야"라는 표현이 포함된다. 똑같은 선물을 2개 준비하지 못하는 쌍둥이 부모는 아이들의 소유욕 때문에 골머리를 앓는다. 이 본능의 깊이와 원시성 때문에 모든 급진적인 형태의 공산주의 유토피아는 사전에 일종의 심리적 불신임을 받게 되어 있다. 인간 본성이 변하기 전에는, 사적 소유를 실질적으로 폐지하는 것은 불가능한 일이다.

개인이 남루한 옷가지 그 이상의 무엇인가를 자신의 소유로 갖고 있으면서 세상에 맞서 그것을 지키는 것은 정신건강에 대단히 중요한 것 같다. 청빈을 서약하는 종교 조직조차도 그 규칙을 다소 완화할 필요가 있다는 사실을 깨달았다. 수도사는 자신의 책을 가질 수 있어야 하고, 수녀는 자신의 작은 정원을 갖고 또 방에 초상과 사진을 둘 수 있어야 한다.

교육에서, 소유의 본능은 근본적이며 여러 방향으로 건드려질 수 있다. 가정에서 하는 정리 정돈 훈련은 아이의 소유물을 정리하는 것으로 시작한다. 학교에서 소유 본능은 특별한 형식의 소유 활동, 즉 수집 충동과 관련하여 특별히 중요하다.

조개껍질이나 우표, 지도나 그림처럼 그 자체로는 별로 흥미롭지 않을 수 있는 대상도 컬렉션의 빠진 부분을 채우거나 시리즈를 완성하는 데 도움이 된다면 특별한 관심을 끌게 된다. 세계적인 학문적 업적 중 많은 부분은, 그 업적이 단순히 서지학이나 기억이나 지식에 관한 것인 한, 축적하고 수집하는 본능에 힘입은 바가 크다. 어떤 사람은 정보의 완벽한 컬렉션을 원하고 또 어떤 주제에 대해 다른 사람들보다 더 많이 알기를 원한다. 또 다른 사람은 더 많은 돈을 갖기를 원하거나 더 많은 초판본 혹은 더 많은 판화를 소유하길 원한다.

이 충동을 학교의 임무에 응용할 줄 아는 선생님은 행운이다. 거의 모든 아이들이 무엇인가를 수집하고 있다. 재치 있는 선생님이라면 아이들이 책을 수집하는 데서, 노트를 모아서 깨끗하게 컬렉션으로 만드는 데서, 성숙한 아이인 경우에는 색인 목록을 만드는 데서, 자신의 그림이나 지도를 간직하는 데서 기쁨을 느끼도록 만들 것이다. 그렇게 하면 깔끔함과 질서, 방법이 무의식적으로 배워질 것이다.

컬렉션을 소유함에 따라 다른 혜택까지 누릴 수 있음은 말할 필요도 없다. 우표 수집 같은 고약한 활동까지도 선생님은 지리적 및 역사적 정보에 관한 관심을 불러일으키는 자극제로 이용할 수 있다. 슬로이드 공작 교육 체계는 이 본능을 이용하여 학생이 집에서 개인적인 목적에 적합한 공작 도구 컬렉션을 만들도록 하는 데 성공하고 있다. 물론 컬렉션은 모든 자연사 공부의 바탕이다. 훌륭한 박물학자 중에 어릴 적에 비상할 정도로 활발한 수집가가 아니었던 사람은 아마 아무도 없을 것이다.

건설 성향(constructiveness)은 학교 교실이 동맹을 체결해야 하는 또 하나의 훌륭한 본능적 경향이다. 아이는 만 8세나 9세가 될 때까지는 손으로 사물을 다루거나 물건을 탐험하는 것 외에는 거의 아무것도 하지 않는다고 볼 수 있다. 심리학적 관점에서 본다면 건설과 해체는 같은 공작 활동을 뜻하는 두 개의 이름이다. 이 연령까지 아이는 쌓았다가 허물거나, 조립했다가 해체하는 행위를 끊임없이 되풀이할 것이다. 건설과 해체는 외부 사물을 통해서 변화를 일으킨다는 뜻이며 동시에 변화의 효과가 어떤 식으로 나타나는지를 보여준다. 이런 모든 활동의 결과, 아이들은 물리적인 환경과 아주 친숙해지고 물질의 특성을 아주 잘 알게 된다. 이런 것이야말로 정말로 인간의 의식의 바탕을 이루는 것이 아닌가.

정말 놀랍게도, 우리 대부분의 마음에서 대상과 그 대상의 특징에 대한 개념은 우리가 그것을 갖고 할 수 있다고 생각하는 것에 의해 크게 제한을 받는다. '막대기'는 몸을 기대거나 때리는 도구가 될 수 있는 그 무엇이다. '불'은 요리를 하거나 우리를 따뜻하게 데우거나 사물을 태우는 그 무엇이다. '끈'은 사물들을 서로 묶는 그 무엇이다. 대부분의 사람들에게 이 대상들은 그 외의 다른 의미를 갖지 않는다. 기하학에서, 원통과 원, 구(球)는 어떤 건설의 과정을 거침으로써, 예를 들어 평행사변형의 한 면 위에서 그 평행사변형을 회전시켜 얻을 수 있는 것으로 정의된다.

아이가 이런 대상을 다뤄서 얻을 수 있는 것들의 종류가 다양해질수록, 그 아이가 자신이 살고 있는 세상에 대해 느끼는 자신감도 그만큼 더 커질 것이다. 공감 능력이 떨어지는 어른은 아이가 벽돌을 쌓다가 허물고 다시 쌓으며 재미있어 하는 모습을 보면서 고개를 갸우뚱할 것이다.

그러나 현명한 교육은 기회를 절대로 놓치지 않는다. 유치원에서 부터 교육의 첫 몇 년은 건설 훈련과 실물 교수에 초점이 맞춰지고 있다. 객관적이고 실험적인 방법들의 우수성에 대해 조금 전에 한 말을 여기서 다시 반복할 필요는 없을 것이다. 그 방법들은 아이를 빨아들이면서 아주 오랫동안 이어질 인상을 깊이 남긴다. 이런 방법으로 배운 청년들과 비교하면, 책으로만 성장한 아이는 평생 동안 현실과 다소 동떨어진 삶을 영위하게 된다. 책만 읽으며 큰 아이는 말하자면 경계선 밖에 서 있으면서 자신도 거기에 서 있다는 사실을 분명히 느끼며 종종 우울증 같은 것으로 힘들어 한다. 이런 경우엔 보다 현실적인 교육이 이 아이를 구해줄 것이다.

　　이런 충동 외에도, 칭찬 욕구와 허영, 수줍음이나 비밀주의의 충동이 있다. 이 충동들에 대해서도 논할 수 있으나, 우리가 이미 그것들에 대해 너무나 잘 알고 있기 때문에 굳이 여기서 논할 필요까지는 없을 것 같다. 여러분도 자신의 내면을 깊이 들여다보는 것으로 그 충동들을 쉽게 알 수 있을 것이다. 그러나 우리의 본능적인 경향들 중 많은 것과 관계있고 또 교육에도 아주 중요한 일반 법칙이 하나 있다. 이 주제에 대한 강의를 끝내기 전에 반드시 이 법칙에 대해 언급해야 한다. '본능 단명(短命)의 법칙'(law of transitoriness in instincts)이 바로 그것이다. 인간의 충동적인 경향들 중 많은 것은 어느 시점에 이르면 무르익게 되어 있다. 바로 그때 적절한 대상이 제시되면, 그 대상을 대하는 행동의 습관이 습득되고 그 습관은 오래 지속될 것이다. 그러나 만약에 그때 적절한 대상이 제시되지 않으면, 그 충동은 습관으로 굳어지기 전에 사라져버릴 것이다. 그럴 경우에 훗날 그 사람에게 그런 방향으로 적절히 반응하도록 가르치는 것은 아주 힘들어질 것이다. 포유동물이 젖을 빠는 본능과 일부 새들과 네 발짐승이 무리를 짓는 본능이 이런 예에 속한다. 이 본능들은 출생 후 조금 지나면 사라진다.

아이들의 내면에서 우리는 충동과 관심이 정해진 순서로 무르익는 것을 볼 수 있다. 기어 다니고, 걷고, 오르고, 목소리를 흉내 내고, 조각을 맞추고, 그림을 그리고, 셈하는 행위가 차례대로 아이를 사로잡는다. 또 일부 아이들의 내면에서 소유욕이 광적일 정도로 강할 수 있다. 그러다 훗날에는 이런 것들에 대한 관심이 완전히 사라질 수도 있다.

이런 것들과 관련 있는 기술을 가르쳐 유익한 습관으로 익히게 하는 적절한 시기는 당연히 타고난 충동이 가장 강력하게 나타날 때이다. 운동이나 암산, 시, 그림, 식물 등에 대한 생각이 밀려오면, 바로 그때가 그런 것을 배울 적절한 시기라고 생각하면 된다.

그 시간이 오래 지속되지 않을 수 있다. 아이가 그런 것에 관심을 보이는 동안에는 다른 일들을 부차적인 것으로 여기고 옆으로 밀어 놓아도 괜찮다. 이런 식으로 시간을 경제적으로 활용하면 아이의 기술을 심화시킬 수 있다. 왜냐하면 예술 분야든 수학 분야든 불문하고 많은 신동의 경우에 만개의 시기가 겨우 몇 개월밖에 지속되지 않기 때문이다.

이 모든 것에는 구체적인 규칙 같은 것은 절대로 있을 수 없다. 아이마다 면밀히 관찰하는 방법밖에 없다. 이 부분에서는 아이의 부모가 선생님에 비해 월등히 유리한 위치에 선다. 사실 '본능 단명의 법칙'이 학교에서 개별적으로 적용될 수 있는 기회는 아주 작다.

호기심 강하고 충동적이고 또 정신 물리학적인 존재인 어린 학생의 마음은 지금까지 말한 방식대로 움직인다. 그런 아이의 행동의 샘을 가능한 한 정확히 추측하고 또 아이의 행동 방식을 잘 아는 것이 선생님의 임무이다.

선생님은 학생의 타고난 경향을 바탕으로 수동적이거나 능동적인 경험을 점차 확장시켜줘야 한다. 선생님은 새로운 대상과 자극으로 학생을 끊임없이 일깨워야 하고, 학생이 자신의 행동에 따른 열매를 맛볼 수 있게 해줘야 한다. 그러면 학생이 자극을 받을 때, 그때까지 기억되어 있던 전체 경험이 학생의 행동을 결정하게 될 것이다.

학생의 삶이 이런 식으로 확장할 때, 그 삶은 온갖 종류의 기억과 연상과 대체 반응 등으로 더욱 충만해지게 된다. 그러나 심리학적 분석에 탁월한 눈을 가진 사람만이 그 모든 것들의 아래에서 작용하고 있는 심리적 장치들을 파악해낼 수 있을 것이다.

그렇기 때문에 나는 언제나 여러분에게 학생의 원래의 반응을 존중하라고 간청한다. 심지어 여러분이 학생의 원래의 반응이 어떤 대상과 연결되어 있는 것을 극복하고 원래의 반응 대신에 여러분이 원칙으로 정한 것을 심어주려고 노력할 때조차도, 나는 그 원래의 반응을 중요하게 여기라고 권한다. 선생님의 기술이라는 관점에서 보면, 학생의 나쁜 행동도 출발점으로 훌륭한 행동만큼 좋다. 실제로 보면, 역설적으로 들릴지 모르지만 출발점으로는 나쁜 행동이 좋은 행동보다 오히려 더 좋을 수 있다.

　습득된 반응이 적절할 때에는 학생이 반드시 그것을 버릇으로 들이도록 해줘야 한다. 그래서 여러분이 관심을 기울일 다음 주제는 바로 습관이다.

제8강

습관의 법칙들

선생님들이 습관의 중요성을 깨닫는 것이 매우 중요하다. 이 부분에 선 심리학이 큰 도움을 줄 수 있다. 사람들은 좋은 습관과 나쁜 습관에 대해 이야기한다. 맞는 말이다. 그러나 사람들이 '습관'이라는 단어를 사용하면서 머리에 떠올리는 것은 대개 나쁜 습관이다. 사람들은 담배를 피우는 습관이나 욕하는 습관, 술 마시는 습관에 대해 말하지만 절제하는 습관이나 중용의 습관, 용기의 습관에 대해서는 말하지 않는다. 그러나 사실은 미덕도 악덕만큼이나 습관적이다. 우리의 삶은 명확한 형태를 보이는 한에서만 본다면 습관들의 집합에 지나지 않는다. 실용적, 감정적, 지적 습관들이 체계적으로 조직화되어 우리의 행복 혹은 불행을 낳고 있다. 그런데 그것을 우리는 엉뚱하게도 운명이라고 부르고 있다.

학생도 이 진리를 비교적 일찍 이해할 수 있고 또 그것을 이해하는 것이 학생의 책임감을 크게 키워줄 수 있다. 그렇기 때문에, 선생님이 아이들에게 습관의 철학에 대한 이야기를 지금 내가 여러분에게 하려는 그런 추상적인 언어로 들려줄 수 있다면 아이들이 큰 도움을 받을 것이다.

우리 모두가 육체를 갖고 있기 때문에 습관의 법칙의 지배를 받는다고 나는 믿고 있다. 간단히 말하면, 우리가 어떤 일을 처음에는 어렵게 하지만 횟수가 늘어날수록 점점 더 쉽게 처리하다가 마침내 경험이 아주 풍부해지게 되면 반자동적으로, 거의 의식하지 않는 가운데 해낼 수 있게 되는 이유는 바로 우리 신경계를 이루는 살아 있는 물질의 유연성에 있다. 우리의 신경계는 (카펜터(Carpenter) 박사의 표현을 빌리면) 연습이 가능한 방향으로 발달했다.

따라서 습관은 제2의 본성이다. 아니, 웰링턴 공작(Duke of Wellington)의 표현에 따르면, 습관은 '열 배의 본성'이다. 어쨌든 성인의 생활에서 습관이 지니는 중요성을 고려하면 크게 틀린 말도 아니다. 왜냐하면 어른이 되면 훈련을 통해 습득된 습관이 타고난 충동적인 경향 대부분을 억제하거나 억눌러 지워버리게 되기 때문이다.

우리가 아침에 잠자리에서 일어나서 밤에 잠자리에 다시 누울 때까지 하는 행동의 99%, 아니 99.9%는 순수하게 자동적이고 습관적이다. 옷을 입거나 벗는 행위, 음식을 먹거나 음료수를 마시는 행위, 사람을 만나고 헤어지는 행위, 부인들 앞에서 모자를 벗고 길을 비켜

주는 행위, 심지어 일상적으로 쓰는 언어의 대부분까지도 반복에 의해 고착되는 그런 유형이기 때문에 반사적인 행위로 분류될 수 있다.

우리는 온갖 유형의 인상에 자동적으로 반응한다. 지금 내가 여러분에게 말하고 있는 이 단어들도 그런 예에 속한다. 왜냐하면 내가 이미 습관에 대해 강의를 했고 또 어느 책에서 습관에 관한 장을 썼고 책으로 나온 뒤에는 그 장을 읽었기에 나는 나도 모르게 나의 입에서 옛날에 썼던 표현들이 거의 그대로 다시 나오고 있다는 사실을 깨닫고 있기 때문이다.

우리 자신이 이처럼 한낱 습관들의 다발에 지나지 않는다는 측면에서 본다면, 우리는 틀에 박힌 생명체이고, 자신의 과거 모습을 모방하고 베끼는 존재에 불과하다. 우리 인간은 어떠한 상황에서나 과거의 모방을 추구하는 존재이다. 그렇기 때문에, 선생님의 최대 관심은 무엇보다 평생 동안 가장 유익할 수 있는 습관들의 구색을 학생의 내면에 갖춰주는 데로 모아져야 한다. 교육은 어디까지나 행동을 위한 것이며, 습관은 그 행동을 채우는 내용물이다.

이번 강의에서는 이전에 발표한 책에 담긴 내용을 그대로 몇 구절 인용하고 싶다.

모든 교육에서 중요한 것은 신경계를 우리의 적이 아닌 동맹으로 만드는 것이다. 그것은 우리가 습득한 것들을 투자해 기금을 만들어 놓고, 그 기금의 이자를 바탕으로 편하게 살아가는 것이나 마찬가지이다. 이를 위해 우리는 유익한 행동을 가능한 한 많이, 가능한 한 빨리 습관적인 행동으로 만들어야 한다. 그러면서 동시에 그 행동이 우리에게 불리한 쪽으로 흐르지 않도록 경계해야 한다.

일상생활의 세부사항 중에서 별도의 노력을 기울이지 않고 자동적으로 일어나는 것이 많을수록, 우리의 마음의 힘 중에서 더욱 많은 부분을 마음의 고상한 일에 자유롭게 쏟을 수 있게 될 것이다. 습관적으로 이뤄지는 것이 하나도 없이 우유부단한 모습을 보이는 인간보다 더 비참한 존재는 없다. 그런 사람에게는 담뱃불을 붙이거나 음료수를 한 잔 마시거나 매일 잠자리에 들고 일어나는 것도 처음 시작하는 일이 되고 따라서 의지를 갖고 숙고해야 하는 일이 될 것이다. 그런 사람은 자신의 내면에 깊이 각인시켜져 있어서 마치 의식에는 없는 것처럼 여겨져야 할 일을 놓고 결정하거나 후회하느라 시간의 반 이상을 쏟게 될 것이다. 만약에 나의 강의를 듣는 사람들 중에서 일상의 임무를 아직 내면에 각인시키지 않은 사람이 있다면, 지금부터라도 문제를 옳은 방향으로 처리하길 바란다.

베인(Alexander Bain) 교수가 '도덕적 습관'에 대해 쓴 장을 보면, 실질적인 도움이 될 만한 내용이 나온다. 두 가지 행동 원리가 강조되고 있다. 첫 번째 원리는 새로운 습관을 습득하거나 옛 습관을 지울 때 새로운 계획을 최대한 강하게 밀고 나가야 한다는 것이다. 옳은 동기를 강화할 상황을 가급적 많이 만들고, 여러분 자신을 새로운 계획을 고무할 조건에 끊임없이 놓고, 옛날 방식과 양립 불가능한 다짐을 하고, 사정이 허용한다면 많은 사람들 앞에서 서약하는 것도 좋다. 한마디로, 여러분의 결심을 뒷받침할 수 있는 것이면 무엇이든 동원하라는 뜻이다. 그러면 여러분의 새로운 시작은 큰 동력을 얻게 될 것이다. 당연히 결심을 파기하고 싶은 유혹은 그렇게 하지 않았을 때보다 덜 나타날 것이다. 결심을 깨뜨리고 싶은 유혹을 뿌리친 하루하루는 유혹이 일어나지 않을 확률을 조금씩 더 높이게 된다.

오래 전에 오스트리아 신문에서 읽은, 루돌프라는 사람이 낸 광고가 기억난다. 그날 이후로 자신이 암브로시우스 따위의 술집에 있는 것을 발견하는 사람에게 50굴덴을 주겠다는 내용의 광고였다. 광고 문구는 이런 식으로 이어졌다. '아내와의 약속에 따라 이렇게 하노라.' 이 남편에게 그 같은 요구를 하는 아내가 있고, 또 새로운 습관을 시작하는 방법에 대한 이해가 그 정도로 깊다면, 루돌프가 최종적으로 술집으로 발길을 돌리지 않는 데 성공한다는 쪽에 내기를 걸어도 좋을 것이다.

베인 교수가 제시하는 두 번째 행동 원리는 새로운 습관이 삶에 깊이 뿌리를 내리기 전까지는 어떠한 예외도 인정하지 말라는 것이다. 한 번의 실패는 그때까지 조심스럽게 감고 있던 실타래를 놓아버리는 것과 비슷하다. 단 한 번의 실수로 그때까지 오랫동안 실을 감았던 노력이 물거품이 되어버릴 것이다.

훈련을 지속적으로 하는 것이 신경계가 제대로 작동하도록 하는 최고의 방법이다. 베인 교수의 말을 빌리자. "도덕적 습관의 특성은 두 개의 적대적인 힘이 존재한다는 점이다. 이 점이 지적 습득과 뚜렷하게 대비되는 특징이다. 그 힘 중 하나가 점진적으로 다른 힘보다 우세하게 된다. 그런 상황에서는 무엇보다 전투에서 패배하지 않는 것이 중요하다. 잘못된 쪽의 모든 승리는 옳은 쪽에서 거둔 많은 정복의 효과를 무효화시킨다. 그러므로 극도로 조심해야 할 것은 두 가지 상반된 힘을 잘 관리하여 옳은 쪽이 중단 없는 성공을 이루도록 하는 것이다. 그런 식의 반복을 통해서 옳은 쪽의 힘을 강화하면, 옳은 쪽의 힘이 어떠한 상황에서도 그릇된 쪽의 힘과 맞붙어 승리를 거두게 될 것이다. 이것이 정신적 진보의 과정에 대한 이론적인 설명으로 최고이다."

지금까지 설명한 두 가지 행동 원리에 세 번째 원리를 더할 수 있다. 결심을 할 때마다, 그리고 습관을 들이고 싶다는 뜨거운 감정이 일어날 때마다, 그것을 행동으로 실천할 기회를 적극적으로 잡도록 하라. 결심과 포부가 새로운 '습관'을 뇌로 전달하는 것은 결심과 포부가 형성되는 순간이 아니고 결심과 포부가 운동 효과를 낳는 순간이다.

어떤 사람이 행동 원리로 가득한 창고를 갖고 있고 또 심성 자체가 원래부터 아주 선하다 할지라도 구체적으로 행동으로 옮길 기회를 잡지 못한다면, 그 사람의 성격은 향상되지 못하고 그대로 남을 것이다. 격언도 있듯이, 지옥으로 가는 길은 선의(善意)로 포장되어 있다. 이는 내가 지금까지 소개한 원리들의 중요성을 뒷받침하고 있다.

존 스튜어트 밀(John Stuart Mill)이 말하듯이, 인격은 전적으로 다듬어진 의지이다. 그리고 밀이 말한 의미로 본다면, 의지는 경향들의 집합이다. 삶의 온갖 돌발 사태 앞에서 즉시적이고 명확한 어떤 방식으로 행동하는 경향들의 집합이 의지라는 뜻이다.

행동하려는 경향만이 우리의 내면에 효과적으로 각인되며, 또 각인되는 강도는 그 경향이 방해를 받지 않고 행동으로 옮겨지는 횟수에 비례한다. 경향이 행동으로 옮겨지는 횟수가 많을수록, 뇌도 그 행동의 활용에 적합한 방향으로 '성장'한다.

어떤 결심 혹은 뜨거운 감정이 실용적 결실을 맺지 못한 채 그냥 사라지도록 내버려 둘 때, 이는 본인에게 기회를 잃는 그 이상의 피해를 안긴다. 말하자면, 그 같은 전력 때문에 미래의 결심과 감정까지도 정상적인 방전의 경로를 밟지 못하게 된다는 뜻이다. 인간의 성격 유형 중에서 무기력한 감상주의자와 몽상가의 유형보다 더 경멸스러운 것은 없다. 구체적으로 행동하지 않고 감상의 늪에 빠져 인생을 보내는 그런 존재들 말이다.

이는 네 번째 행동 원리로 이어진다. 학생들에게 설교를 지나치게 많이 하지 말 것이며 좋은 말만을 추상적으로 늘어놓지도 말아야 한다. 실용적으로 활용할 기회를 기다렸다가 기회가 왔다 싶으면 즉각 그걸 포착하여 단 한 번의 기회에 학생들이 생각하고 느끼고 행동하도록 만들어라. 성격에 새로운 경향을 각인시키면서 그 경향이 성격 안에 훌륭한 습관으로 자리 잡도록 하는 것은 바로 행동이다. 설교와 말은 상대방을 쉬이 지루하게 만들기 때문에 아주 비효율적이다.

찰스 다윈(Charles Darwin)의 자서전 안에 담긴 글 한 토막이 자주 인용되고 있다. 그 글이 습관이라는 주제와 맞아떨어지기 때문에, 나도 그 대목을 여기서 다시 인용하려 한다.

"서른 살 즈음까지 온갖 종류의 시(詩)들이 나에게 대단한 즐거움을 안겨주었다. 학생일 때에도 나는 셰익스피어의 작품에서, 특히 역사를 소재로 한 연극에서 대단한 즐거움을 얻었다. 또한 그림도 예전에는 상당한 기쁨을 주었고 음악은 매우 큰 기쁨을 주었다. 그러나 지금은 몇 년 동안 시를 한 줄도 읽지 못하고 있다. 최근에는 셰익스피어를 다시 읽으려고 애를 썼으나 참을 수 없을 만큼 지루하다는 사실을 알았다. 나는 또 그림이나 음악을 즐기는 취향까지도 잃어버렸다. … 나의 마음은 사실들을 모아 놓은 커다란 컬렉션을 바탕으로 일반적인 법칙을 다듬어내는 그런 기계 같은 것이 되어 버린 것 같다. 그러나 일반 법칙을 찾아내는 작업이 왜 뇌의 그 부분에만, 말하자면 고차원적인 취향을 관장하는 부분에만 쇠퇴를 불러왔는지, 그 이유를 나는 알지 못한다. … 만약에 인생을 다시 살아야 한다면, 나는 적어도 일주일에 한 번씩 시 몇 줄을 읽고 음악을 조금씩 듣는 것을 원칙으로 삼을 것이다. 그렇게 하면 나의 뇌 중에서 지금 쇠약해진 그 부분이 사용될 것이며 따라서 지금도 그대로 생생하게 살아 있을 것이기 때문이다. 이 취향의 상실은 곧 행복의 상실이며 아마 우리의 본성 중에서 정서적인 부분을 약화시켜 지능에도 해를 입혔을 것이며 도덕적인 성격에는 그보다 더 큰 영향을 끼쳤을 것이다."

젊었을 때, 우리 모두는 죽음이 우리를 쓰러뜨리기 전에 한 사람의 완전한 인간 존재가 되겠다는 뜻을 품었다. 우리는 언제나 시를 즐길 것으로 기대하고, 그림과 음악에도 조예를 더욱 깊게 하길 바라고, 영적 및 종교적 사상을 가까이하려고 노력하고, 우리 시대의 철학적 사상까지 따라잡기를 원했다. 우리는 젊었을 때 이 모든 것을 추구하길 원했다. 그럼에도 중년의 남녀들 중에서 그런 기대가 충족되었다고 느끼는 사람은 과연 얼마나 될까? 틀림없이 적을 것이다. 그 이유를 습관의 법칙들이 말해주고 있다.

앞에서 말한 것들에 대한 관심은 적절한 나이가 되면 누구에게나 일어난다. 그러나 관심을 충족시킬 적절한 내용물이 끊임없이 제시되지 않으면, 그 관심은 강력하고 필수적인 습관으로 성장하지 못하고 매일 일용할 양식을 공급받는 다른 라이벌 관심에 밀려 시들다가 죽어가게 된다.

우리는 모두 자신에게 근본적으로 중요한 실질적인 조건을 계속 무시함으로써 부정적인 측면에서 다윈처럼 되어 가고 있다. 우리는 추상적으로 이렇게 말한다. "나는 시를 즐기고 또 외우고 싶다. 또 음악에 대한 사랑을 계속 간직하고 싶고, 시대의 사상에 새로운 방향을 제시하는 책들을 읽고 싶고, 고차원의 영적 측면을 생생하게 간직하고 싶다."

그러나 우리는 이런 것들을 구체적으로 행동으로 옮기지 않는다. 우리는 그런 행동을 오늘 당장 시작하지 않는다. 우리는 소유할 가치가 있는 모든 선한 것은 일상의 노력이라는 대가를 지불해야 얻어진다는 진리를 망각하고 있다. 우리는 미루고 또 미룬다. 그러다 보면 우리를 향해 손짓하며 미소 짓고 있던 온갖 가능성도 다 사라지게 될 것이다.

그런 한편, 지금 당장 시작하고 예외를 조금도 주지 않는다면, 하루에 10분씩 시를 읽고 영적 독서나 명상을 하거나 일주일에 한두 시간씩 음악이나 그림, 철학을 즐기다 보면 언젠가 우리가 바라는 모든 것을 틀림없이 이루게 될 것이다. 반드시 해야 할 노동을 아낌으로써, 말하자면 자신에게 매일 약간의 세금을 면제해줌으로써, 우리는 자신의 보다 큰 가능성을 묻을 무덤을 스스로 파고 있다. 선생님인 여러분은 큰 포부를 품고 있는 학생들에게 이 진리에 관한 이야기를 적절한 시기에 들려줄 수 있어야 한다.

어떤 기능을 매일 연습하느냐 안 하느냐에 따라, 사람은 훗날 완전히 다른 존재가 된다.

큰 성취를 이룬 인도인 여러 명이 최근에 케임브리지를 방문해 인생과 철학에 대해 자유롭게 이야기했다. 그 중 한 사람이 미국인들의 얼굴 표정에 매우 부정적인 인상을 받았다고 나에게 솔직히 털어놓았다. 미국인의 얼굴 표정이 지나치게 강하고 불안으로 가득할 뿐만 아니라, 앉아 있을 때의 자세도 품위가 없고 뒤틀려 있다는 것이었다. 그 인도인은 이렇게 말했다. "당신들이 침묵과 명상에 하루에 단 일 분도 할애하지 않으면서 어떻게 살아갈 수 있는지 너무나 궁금하다. 우리 힌두교도의 삶에는 하루에 반시간 이상 시간을 내서 침묵하고, 근육을 풀고, 호흡을 조절하고, 영원한 것들에 대해 명상하는 것이 아주 중요한 부분이다. 힌두교 가정의 아이들은 모두 아주 어릴 때부터 이런 훈련을 받는다." 그런 훈련의 멋진 결실은 육체적 평안과 긴장 해소, 부드럽고 차분한 얼굴 표정, 침착한 태도 등으로 확실히 나타난다.

나는 미국인들이 인격의 기본적인 우아함을 스스로 버리고 있다고 생각한다. 부모나 선생님으로부터 날카로운 목소리를 낮춰야 한다거나, 사용하지 않는 근육을 풀어줘야 한다거나, 앉아 있을 때에는 가급적 움직이지 않아야 한다는 소리를 한 번이라도 들어본 적이 있는 미국 아이들이 과연 몇 명이나 될까? 천 명에 한 명, 아니 5천 명에 한 명도 안 될 것이다. 그럼에도 끊임없는 과잉 긴장과 과잉 행동, 과잉 표정은 거꾸로 내면의 정신 상태에 영향을 끼침으로써 모든 미국인들에게 해를 입히고 있다.

나는 교사인 여러분에게 이 문제에 대해 진지하게 생각해 달라고 당부하고 싶다. 아마 여러분이라면 미국에서 지금 성장하고 있는 미래 세대가 개인적인 이상을 더욱 훌륭하게 가꾸는 쪽으로 도움을 줄 수 있을 것이다.

다시 우리가 논하던 일반적인 행동 원리로 돌아가자. 습관에 관한 다섯 번째이자 마지막 행동 원리를 제시할 것이다. 마지막 원리는 이렇다. 이유를 묻지 말고 매일 조금씩 연습을 함으로써 여러분의 내면에 노력의 정신을 생생하게 유지하라는 것이다. 말하자면, 불필요하고 사소한 일에도 체계적으로 영웅처럼 임하라는 뜻이다. 매일 혹은 이틀마다 단지 귀찮은 일이라는 이유만으로 그 일을 하도록 하라. 그러면 그런 행동이 긴급히 필요하게 될 때, 시련에 맞닥뜨려도 그다지 신경이 쓰이지 않고 낯설다는 느낌이 들지도 않을 것이다.

이런 종류의 극기는 사람이 자신의 집이나 재화에 대해 지급하는 보험료와 비슷하다. 그 사람이 지불하는 보험료는 당시에는 본인에게 아무런 혜택을 안겨주지 않고 아마 그 후에도 어떠한 결실도 안겨주지 않을 수 있다. 그러나 만약에 불이 난다면, 그가 지급한 보험료가 그를 폐허로부터 구해줄 것이다.

주의 집중이나 확고한 의지, 불필요한 일의 자제 같은 습관을 매일 조금씩 몸에 익히려고 스스로 노력하는 사람은 그와 똑같은 효과를 누리게 될 것이다. 주변의 모든 것이 흔들리고 연약한 동료 인간들이 바람 앞의 낙엽처럼 이리저리 뒹굴 때, 그는 탑처럼 우뚝 서 있게 될 것이다.

습관을 주제로 강의할 때, 나는 기존의 습관을 지나치게 강한 것으로 여긴다는 비난을 듣고 또 나의 원칙에 따르면 새로운 습관을 습득하는 것이, 특히 돌연한 개혁이나 변화를 이루는 것이 거의 불가능하게 된다는 비난을 들어왔다. 물론, 나의 원칙은 비난을 들을 소지를 안고 있다. 왜냐하면 현실에서 돌연한 변화가 자주 일어나지는 않는다 하더라도 어쨌든 분명히 일어나고 있기 때문이다. 그러나 내가 제시한 일반적인 법칙이 성격의 돌연한 변화와 양립하지 못할 이유는 전혀 없다.

새로운 습관은 새로운 자극과 새로운 흥미가 있는 조건에서만 시작될 수 있다고 나는 분명히 말했다. 오늘날의 삶에는 새로운 자극과 흥미가 아주 풍성하다. 가끔은 그 자극과 흥미가 한 인간의 가치 체계와 관념 체계를 완전히 바꿔놓을 만큼 비판적이고 혁명적이기도 하다. 이런 경우엔 그 사람이 그때까지 익혔던 습관의 낡은 질서는 완전히 뒤엎일 것이다. 이때 만약에 새로운 동기들이 오래 지속된다면, 새로운 습관들이 형성될 것이고 이어서 그 사람의 내면에 새로운 혹은 '개조된' 본성이 생길 것이다.

나는 이런 사실들을 충분히 인정한다. 그러나 그렇다고 해서 습관의 일반 법칙들이 바뀌는 것은 아니다. 정신적 조건에 관한 생리학적 연구는 대체로 개인을 고무하는 윤리학의 최대 동맹으로 남아 있다. 신학이 들려주는, 내세에 견뎌야 할 지옥은 우리가 성격을 그릇된 방향으로 습관적으로 형성함으로써 이승에서 스스로 만들어내는 지옥에 비해 조금도 더 나쁘지 않다. 청년들이 스스로를 걸어 다니는 한 다발의 습관들에 지나지 않는다는 진리를 빨리 깨닫게 된다면, 그들은 유연한 상태에 있는 동안에 자신의 품행에 주의를 더 많이 기울이게 될 것이다.

우리 인간은 좋은 쪽으로든 나쁜 쪽으로든 자신의 운명을 스스로 직접 잣고 있으며, 한번 엮어진 운명은 절대로 다시 되돌리지 못한다. 아주 하찮은 미덕이나 악덕도 그 사람의 운명에 작지 않은 흔적을 반드시 남기게 되어 있다. 제퍼슨(Joseph Jefferson)의 희곡을 보면 주정꾼 립 판 윙클은 태만한 행동을 할 때마다 "이번만은 봐주겠어!"라고 말하면서 스스로를 용서한다. 용서하는 거야 그의 마음이다. 그는 태만을 헤아리지 않을 수 있고, 너그러운 하늘도 그걸 헤아리지 않을 수 있다. 그럼에도 그의 태만은 분명히 헤아려지고 있다. 그의 신경세포와 신경섬유 깊은 곳에서 분자들이 그것을 헤아리며 등록하고 있다. 거기서 끝나는 것이 아니다. 나중에 또 다시 유혹이 다가올 때 그에게 불리하게 사용하기 위해 저장까지 하고 있다. 엄격히 과학적인 의미에서 볼 때, 우리가 한 행동이나 말, 생각 중에서 씻겨 없어지는 것은 절대로 있을 수 없다.

물론, 거기엔 나쁜 측면 못지않게 좋은 측면도 있다. 술을 마시는 횟수가 점점 늘다 보면 영원히 주정꾼이 되듯이, 우리는 노력하고 공부하는 시간을 지속적으로 지켜나감에 따라 도덕의 영역에서 성자가 되고 실용적이고 과학적인 영역에서 권위자가 되고 전문가가 될 수 있다.

청년들에게 교육의 결실에 대해서는 조금도 걱정하지 말라고 가르쳐 주라. 만약에 청년이 하루하루 시간을 충실히 살아간다면, 최종적인 결과는 절대로 나쁠 수가 없다. 결과는 그냥 노력에 맡겨놓으면 된다. 하루하루 열심히 산 청년은 어느 날 아침에 깨어나 보면 자신이 자기 세대에서 두각을 나타내는 인물이 되어 있을 것이다. 어떤 분야를 추구하든 결실은 반드시 나타나게 되어 있다. 그러면 그 사람 본인도 모르게, 판단력이 그의 내면에 단단히 자리 잡게 될 것이다. 이 판단력은 그 후로는 절대로 사라지지 않는다. 청년들은 이 진리를 빨리 배워야 한다. 이 진리에 무지한 탓에, 힘든 커리어를 시작한 청년들이 낙담하고 용기를 잃는 예가 아주 많다.

제**9**강

관념의 연상

지난번 강의에서 습관을 다루면서, 나는 주로 운동 근육의 습관, 즉 외적인 행동의 습관을 염두에 두었다. 그러나 우리의 사고 과정과 감각 과정도 대개 습관의 법칙을 따르고 있으며, 그에 따른 결과 하나가 바로 우리가 '관념의 연상'이라는 이름으로 알고 있는 현상이다. 이제 이 현상으로 관심을 돌리도록 하자.

여러분은 의식이란 것이 대상과 감정, 충동적인 경향이 끊임없이 흐르는 하나의 흐름이라는 것을 알고 있다. 의식의 양상 또는 맥동은 대단히 많은 장(場) 또는 물결과 비슷하며, 각각의 장 또는 물결은 대체로 관심을 가장 생생하게 끄는 중심점을 갖고 있다는 것을 우리는 이미 보았다. 이때 중심점에 있는 것이 우리의 사고에서 가장 두드러지는 대상이다. 반면에 중심점의 주변은 희미하게 드러나는 다른 대상들이 차지하고 있는 가장자리이다. 또한 정서적 경향과 행동의 경향도 이 가장자리에 자리 잡고 있다. 이 모든 것이 합쳐져서 전체 의식을 이룬다.

마음을 이런 식으로 유동적인 상태로 묘사하면서, 우리는 가능한 한 자연 상태의 마음에 가까이 다가서려고 노력하고 있다. 얼핏 보면, 연속적으로 이어지는 물결의 유동 속에서 모든 것이 불명확한 것처럼 보인다. 그러나 면밀히 들여다보면, 각 물결은 이제 막 지나간 물결의 구성 요소에 의해 어느 정도 설명되는 어떤 구조를 갖고 있는 것이 확인된다. 그리고 각 물결과 그 전 물결들의 관계는 두 가지 근본적인 '연상의 법칙'에 의해 설명된다. 첫 번째 법칙은 '인접의 법칙'(Law of Contiguity)이라 불리고, 다른 하나는 '유사성의 법칙'(Law of Similarity)이라 불린다.

인접의 법칙은 다가오고 있는 물결에서 생각되고 있는 대상들은 그 전의 경험 중에서 지금 사라지고 있는 물결에서 표현된 대상들과 가까이 있었던 것이라는 점을 말해주고 있다. 지금 사라지고 있는 대상들은 한때 마음에서 지금 생각되고 있는 대상들의 이웃이었다. 여러분이 알파벳이나 기도문을 암송하거나, 어떤 대상을 보고 그 이름을 떠올리거나, 어떤 이름이 그 대상을 떠올리게 할 때, 그것들이 여러분의 마음에 나타나는 것은 바로 인접의 법칙 때문이다.

유사성의 법칙은 현재 일어나고 있는 일이 인접의 법칙으로 설명되지 않는 경우에 지금 다가오고 있는 대상들은 지금 지나가고 있는 대상들을 닮은 것으로 확인될 것이라는 점을 말해주고 있다. 이때 다가오고 있는 대상과 지나가고 있는 대상이 그 전에 동시에 경험된 적이 한 번도 없을 수도 있다. '상상의 비약'에서 이런 예가 자주 나타난다.

어떤 환상이 펼쳐지는 도중에 그 환상을 멈추면서 우리가 "어쩌다 지금 이 순간에 바로 이 대상에 대해 생각하게 되었을까?"라는 질문을 던진다고 가정해 보자. 이때 그 대상이 출현하게 된 원인을 찾다 보면, 우리는 거의 언제나 인접의 법칙이나 유사성의 법칙에 따라 우리의 마음이 그것을 떠올리게 만든 그 전의 어떤 대상을 찾게 될 것이다.

예를 들면, 우리에게 습득되어 기억된 무엇인가는 인접의 법칙의 결과물에 지나지 않는다. 어떤 시의 어휘들과 삼각함수 공식, 역사적 사실, 사물의 특성 등은 모두 수많은 반복에 의해 확립된 어떤 질서로 서로 연결된 대상들의 명확한 체계 혹은 집단으로서 우리에게 알려진다. 이 대상들의 체계 혹은 집단의 어떤 한 부분은 다른 부분을 상기시킨다. 메마르고 상상력이 부족한 마음 안에서, 거의 모든 정신적인 일들은 습관적인 반복과 연상의 경로를 따라 흐른다.

한편, 재치 있고 상상력이 풍부한 마음 안에서는 판에 박힌 순서가 언제라도 쉽게 깨어진다. 이런 경우에 마음의 대상들을 담고 있는 의식의 한 장(場)은 인류 사고의 역사에서 그때까지 한 번도 짝을 이루지 않았을 아주 엉뚱한 장을 암시할 것이다. 이때 그 연결 고리는 보통 연속적으로 생각되고 있는 대상들 사이의 유사성일 것이다. 이 유사성이 간혹 너무나 미묘한 까닭에 우리가 유사한 점을 느끼면서도 그 근거를 제시하지 못해 힘들어 하기도 한다.

예를 들어, 사람들은 빨강색에서 남성적인 무엇인가를 발견하고 연한 청색에서 여성적인 무엇인가를 발견한다. 또 어떤 사람 3명의 성격을 놓고 생각하는데, 한 사람은 고양이를, 다른 한 사람은 개를, 세 번째 사람은 소를 떠올리게 하는 예가 있다.

심리학자들은 연상의 원인들을 깊이 파고들었다. 일부 심리학자들은 인접과 유사성이 서로 근본적으로 다른 두 개의 법칙이 아니라 그 중 한 법칙이 나머지 한 법칙의 존재를 전제로 한다는 점을 보여주려고 노력했다. 나 자신은 연상 현상이 우리가 이성적인 존재라서 나타나는 것이 아니라 우리의 뇌 구조 때문에 나타난다고 생각하는 쪽이다. 달리 말하면, 우리가 육체를 버리고 정신만 갖게 된다면, 우리의 의식의 기차들은 다른 법칙을 따랐을 것이란 뜻이다. 이 문제는 심리학에 관한 책들에서 논의되고 있다. 나는 여러분 중에서도 이 문제에 관심 있는 사람은 그런 책들을 통해서 계속 공부하길 바란다.

그러나 나는 이 강의에서는 이 문제를 완전히 무시할 것이다. 왜냐하면 교사인 여러분에게 실용적으로 중요한 것은 연상이라는 사실이기 때문이다. 연상의 근거가 정신에 있든 뇌에 있든, 그리고 연상의 법칙들이 하나로 압축되든 말든, 그건 여러분에게 별로 중요하지 않다. 여러분이 가르치는 학생들은 어쨌든 연상을 하는 작은 기계들이다. 학생들을 대상으로 한 교육은 학생들의 내면에 어떤 것과 다른 어떤 것을, 이를테면 이것과 반응을, 저것과 결과를 결합시키는 등의 방식으로 무한히 많은 것을 연상하게 하는 경향들을 조직화하는 것이나 다름없다.

따라서 선생님은 '타고난 반응과 습득된 반응'이라는 면에서뿐만 아니라 '연상'의 면에서도 자신의 역할을 구상해낼 수 있다. 그 역할은 주로 학생의 마음 안에 유익한 연상 체계를 구축하는 것이다. 이런 식으로 설명하다 보니 선생님의 역할이 내가 강의를 처음 시작하면서 제시한 역할보다 훨씬 더 커 보인다. 그러나 우리의 연상이 어떤 것이든 그 연상의 기차들이 대체로 습득된 반응이나 행동에서 나온다는 점을 고려한다면, 똑같은 사실들의 집합이 대체로 두 가지 공식의 적용을 받고 있다는 사실을 알 수 있다.

연상의 원리를 제대로 이해하기만 하면 아주 많은 정신 작용이 설명된다는 사실은 그저 놀랍기만 하다. 연상이 풀 수 있는 중요한 물음 하나는 이것이다. 구체적인 이 의식의 장(場)이 왜 지금과 같은 모습으로 구성되어 있으며, 또 하필 다른 때가 아니고 지금 이 순간에 나의 마음에 나타나는가? 이 의식의 장은 상상된 대상들의 장일 수도 있고, 기억에서 건져낸 대상들의 장일 수도 있고, 또는 지각된 대상들의 장일 수도 있다. 또 이 의식의 장은 어떤 행위를 포함할 수도 있다. 어떤 경우든, 장의 부분들을 세밀하게 분석해 들어가면, 각 부분은 조금 전에 설명한 두 가지 연상의 법칙의 결과로 그 전의 장들의 부분들에서 비롯되었다는 사실이 확인될 것이다. 말하자면 이 법칙들이 마음을 움직이고 있는 것이다. 이때 관심은 사방으로 옮겨 다니며 마음이 빗나가게 만들고, 조금 뒤에 확인하게 되겠지만, 주의는 마음을 조종하면서 마음이 지나치게 지그재그로 빗나가지 않도록 막고 있다.

이런 요소들을 충분히 파악하면, 심리 장치를 간단히 또 확실히 이해할 수 있게 된다. 어떤 개인의 '본성'과 '인격'은 그 사람이 하는 연상의 습관적인 형식에 지나지 않는다. 그렇다면 나쁜 연상 혹은 틀린 연상을 깨뜨리고, 그 대신에 새로운 좋은 연상을 구축하고, 연상의 경향들을 가장 유익한 경로로 안내하는 것이 교육자의 가장 중요한 임무가 된다. 그러나 여기서도 다른 간단한 원리들과 마찬가지로 그 어려움은 당연히 적용에 있다. 심리학은 법칙들을 제시할 수 있다. 구체적인 재주와 재능만 있으면 이 법칙들을 이용해 유익한 결과를 낳을 수 있다.

한편, 우리의 마음이 이 대상에서 다른 대상으로, 중간에 의식의 다양한 장들을 거치면서 넘어가는 것은 아주 흔하게 경험하는 일이다. 따라서 구체적인 연상의 경로들이 모호한 것은 연상 경로들의 추상적인 형식이 통일성을 보이는 것만큼이나 두드러진 특징이다.

어떤 관념에서든 한 번 시작해 보라. 그러면 여러분의 머리에 담긴 관념들 전부가 잠재적으로 여러분의 연상에 활용될 수 있는 것으로 확인될 것이다. 만약에 우리가 연상의 출발점 혹은 단서로 지금 내가 여러분에게 말하고 있는 몇 개의 단어를 선택한다면, 그 단어가 여러분의 마음에 떠오르게 할 연상의 다양성은 무한할 것이다.

예를 들어 내가 '블루'(blue)라고 말한다고 가정해보자. 그러면 여러분 중 어떤 사람은 푸른 하늘과 지금 우리가 힘들어하고 있는 더운 날씨에 대해 생각하다가 여름옷을 생각하거나 기상 전반에 대해 생각할 것이다. 다른 사람들은 색상의 스펙트럼과 생리학에 대해 생각하다가 X-레이와 최근에 받은 건강검진에 대한 생각으로 옮겨갈 것이다. 또 다른 사람은 청색 리본이나 친구의 모자에 꽂힌 청색 꽃에 대해 생각하다가 개인적 회상에 잠길 것이다. 또 다른 사람에게는 어원학과 언어학 관련 생각들이 떠오를 수 있다. 아니면 청색이 멜랑콜리의 동의어로 '통각'될 수도 있으며, 이어 병적인 심리와 연결된 연상의 기차가 펼쳐질 것이다.

같은 사람의 내면에서도, 똑같은 단어가 듣는 시기에 따라서 서로 다른 것을 연상시킬 것이다. 이는 의식의 장의 가장자리가 관심을 두고 있는 것이 서로 다르기 때문에 나타나는 현상이다. 뮌스터베르크 교수는 관찰 대상자 4명에게 연상의 '단서'로 똑같은 단어를 3개월

간격을 두고 4번 제시하는 방법으로 이 실험을 체계적으로 실시했다. 그는 서로 다른 시기에 관찰한 실험 대상자들의 연상에서 일관성을 전혀 발견하지 못했다.

요약하면, 어떤 사람의 의식이 가진 잠재적 내용물은 의식의 모든 지점에서 접근이 가능하다는 뜻이다. 이는 우리가 연상의 법칙을 절대로 미래 쪽으로는 적용시키지 못하는 이유이다. 현재의 장(場)에서 하나의 단서를 갖고 연상을 시작하면서, 어떤 사람이 5분 후에 무엇을 생각할 것인지를 사전에 예측하는 것은 절대로 불가능하다. 연상 과정에 두드러질 수 있는 요소들과 연속되는 의식의 각 장에서 연상을 일으킬 부분들, 그리고 연결 가능한 연상의 갈래들이 너무나 많고 또 모호하기 때문에 이 모든 것들이 사실로 확정될 때까지는 불명확할 수밖에 없다.

그러나 연상의 법칙들을 앞으로 적용하지는 못할지라도, 그 법칙들을 뒤로 적용하는 것은 언제든 가능하다. 우리가 5분 후에 무엇을 생각할 것인지를 예측하는 것은 불가능하다. 그러나 5분 후에 생각한 것이 무엇이든, 그때 우리는 그 생각의 뿌리를 인접이나 유사성의 연결을 통해서 우리가 지금 생각하고 있는 것들로까지 되짚어 올라갈 수 있다. 예견이 대단히 어려운 이유는 의식의 장의 가장자리와 초점이 그 다음 관념들을 불러일으키는 데서 하는 역할이 늘 변화하기 때문이다.

예를 들어 보자. 지금 나는 죽은 어느 친척의 유언과 관련해 생긴 마음의 긴장을 풀기 위해 앨프리드 테니슨(Alfred Tennyson)의 시 '록슬리 홀'(Locksley Hall)을 암송하고 있다. 친척의 유언은 지금도 여전히 나의 정신의 배경 속에서 의식의 장의 가장자리에 자리 잡고 있을 것이다. 그러나 그 시가 나의 관심을 친척의 유언에서 어느 정도 벗어나게 하고 있다. 그러다가 내가 "I, the heir of all the ages, in the foremost files of time."이라는 구절을 외우게 된다. 그러자 '나, 모든 시대의 상속자'(I, the heir of all the ages)라는 단어들이 즉각 의식의 장의 가장자리에 있던 유언에 관한 생각과 전격적으로 연결된다. 이어 내가 받을 유산에 대한 생각에 나의 심장이 박동한다. 그래서 나는 시집을 내려놓고, 미래의 행운에 대한 생각이 꼬리에 꼬리를 물며 일어나는 가운데 흥분을 느끼며 마룻바닥을 이리저리 걷는다.

이렇듯 의식의 장 중에서 다른 부분보다 감정적 자극을 일으킬 잠재력을 더 많이 가진 부분이 일깨워지며 지배적인 행동으로 이어질 것이다. 그리고 관심은 의식의 장 중에서 지금은 이 부분으로 그 다음에는 다른 부분으로 지그재그로 옮겨 다니면서 전류를 분산시킬 것이다. 그러면 마치 불에 탄 종이에서 불꽃이 여기저기서 반짝이듯이, 정신 활동은 이리저리 옮겨 다니게 된다.

중요한 것이 한 가지 더 있다. 연상의 과정에 대해서도 필요한 만큼 여러분에게 설명할 생각이다.

여러분은 이제 방금 자극적인 요소를 가진 단 하나의 단어가 강력한 연상을 일으키며 우리의 생각의 기차를 그 전의 노선에서 완전히 벗어나게 하는 것을 보았다. 사실은 의식의 장의 모든 부분이 그런 연상을 불러일으키는 경향을 갖고 있다. 그러나 만약에 이런 식으로 연상된 것들이 서로 아주 많이 다르다면, 거기에는 경쟁이 벌어지게 된다. 그러다가 하나 혹은 몇 가지의 연상이 효과를 내기 시작하자마자, 다른 것들은 빛을 잃으며 뒤로 밀려나게 된다.

그러나 앞에 제시한 예에서 보듯, 그 과정이 정신의 장에서 단 하나의 아이템을 중심으로 진행되거나 지금 흘러가고 있는 의식의 전체 장을 중심으로 진행되는 경우는 거의 없는 것 같다. 그 과정은 유사한 성격을 가진 것들이 서로 연결되는 것 같다. 이미 과거가 된 장(場)의 부분들도 이 연결 속으로 들어와서 할 말을 하는 것 같다. 따라서 '록슬리 홀'이라는 시와 관련해 말한다면, 내가 암송하는 단어 하나하나는 나의 입술을 이제 막 떠나고 있는 그 전 단어에 의해서만 연상되는 것이 아니라 그 시에서 그 전에 있었던 단어들의 영향에 의해서도 연상된다. 예를 들어 "ages"는 "I, the heir" 뒤에 나올 때 "in the foremost files of time"를 상기시킨다. 그러나 "for I doubt not through the" 뒤에 나올 때에는 같은 단어가 "one increasing purpose runs."를 상기시킨다.

마찬가지로, 만약에 내가 칠판에 글자 A B C D E F를 적는다면, 이 글자들은 아마 여러분에게 그 다음 글자는 G H I라고 암시할 것이다. 그러나 만약에 내가 A B A D D E F를 적는데 이 글자들이 혹시 무엇이라도 암시하게 되어 있다면, 아마 그 다음 글자로 E C T나 E F I C I E N C Y를 암시할 것이다. 각 아이템의 글자 대부분은 같을지라도, 연상의 결과는 글자의 연결이 어떤 식으로 되어 있느냐에 따라 크게 달라진다.

이 법칙에 대해 언급하는 실용적인 이유는 이렇다. 여러분이 학생들의 마음속에서 연상을 일으키려 할 때 단 하나의 단서를 제시할 것이 아니라 가능한 한 많은 단서를 제시해야 한다는 원칙이 바로 이 법칙에서 나오기 때문이다. 학생들에게서 끌어내고 싶은 반응을 과거의 수많은 기억들과 연결시키도록 하라. 예를 들어, 질문을 언제나 똑같은 방식으로 하지 않도록 하라. 또 여러 문제에 똑같은 종류의 자료를 사용하지 않도록 하라. 삽화 같은 것을 최대한 다양하게 제시하라. 기억을 다룰 때, 이 문제에 대해 더 논의하게 될 것이다.

이제 연상이라는 일반적인 주제에 대한 논의는 어느 정도 이루어졌다. 다른 주제들(이 주제들을 논할 때에도 당연히 연상을 거론하게 되어 있다)을 다루기 위해 연상이라는 주제에서 벗어나면서, 나는 여러분에게 학생들에 대해 연상하는 존재로 생각하는 습관을 들이라고 강력히 권하고 싶다. 이 습관을 들이는 것이 대단히 중요하다. 의사와 교도소 간수에서부터 선동가와 정치인에 이르기까지, 인간 사회에서 어느 정도 지도자의 역할을 하는 사람들은 자신이 책임져야 할 사람들에 대해 본능적으로 그런 식으로 생각한다.

여러분도 똑같이 학생 하나하나에 대해 연상하는 작은 기계로 생각하라. 그러면 그 연상 체계의 작동에 대한 깊은 이해에 스스로도 놀라게 될 것이고, 또 거기서 얻게 될 결과의 실용성에도 크게 놀라게 될 것이다.

예를 들어, 우리는 지인들에 대해 생각할 때 그들의 두드러진 '경향들'에 대해 생각하게 된다. 이 경향들은 거의 모두 연상의 경향으로 확인될 것이다. 지인들의 내면에서 어떤 생각은 언제나 다른 어떤 생각을 불러일으키고, 이때 불러일으켜지는 다른 생각은 그 앞의 어떤 생각에 동의하거나 동의하지 않으려는 감정이나 충동 때문에 일어난다. 만약에 그런 충동을 일으킨 주제가 그 사람의 최초의 생각 중 하나를 불러일으킨다면, 그 실용적 결과는 충분히 예측할 수 있을 것이다. 요약하면, '인격의 유형'은 대개 연상의 유형이다.

제10강

관심

지난번 강의에서는 다양한 자극이나 재미있는 상황에 적극적으로 반응하려 하는, 학생들의 타고난 경향을 다뤘다. 사실, 그때 나는 학생의 본능에 대해 논했다. 이제 우리는 처음부터 학생의 특별한 본능에 호소력을 발휘하는 상황도 있지만 학생을 훈련시키는 과정에 다른 것과 적절히 연결되어야만 그런 호소력을 발휘하는 상황도 있다는 사실을 잘 알게 되었다. 전자에 해당하는 대상이나 상황은 그 자체로 원래부터 재미있는 것이라고 불릴 수 있을 것이다. 후자에 해당하는 대상이나 상황에 대해서는 원래부터 재미없는 것이라고 말할 수 있다. 원래부터 재미없는 대상이나 상황에 대한 관심은 반드시 습득되어야만 한다.

관심만큼 교육학 분야 저자들의 주목을 많이 받는 주제도 없다. 관심은 본능 다음에 논할 주제로 아주 자연스러운 주제이다. 그러므로 우리가 이번 강의의 주제로 관심을 잡은 것은 아주 적절하다.

원래부터 재미있는 대상이 있는가 하면, 인위적으로 관심을 불러일으켜야만 재미있어지는 대상도 있다. 그렇기 때문에 선생님은 원래부터 재미있는 대상이 어떤 것인지를 잘 알아야 한다. 곧 확인하게 되겠지만, 그 이유는 원래부터 재미없는 대상은 원래부터 재미있는 대상과의 연결을 통해서만 학생들의 관심을 불러일으킬 수 있기 때문이다.

아이들이 본래부터 관심을 보이게 되어 있는 대상은 모두 감각의 영역에 속한다. 신기해 보이는 것과 신기하게 들리는 것은 말로 추상적으로 설명하는 대상으로부터 언제나 쉽게 주의를 빼앗을 것이다. 그 신기한 것이 폭력적인 성격의 행위가 벌어지는 장면을 포함하고 있을 때 학생들의 주의를 특히 더 강하게 끌게 된다. 존이 지어보이는 괴상한 얼굴 표정, 토미가 종이를 씹어 둘둘 말아 던지는 종이공, 거리에서 벌어지는 투견(鬪犬), 먼 곳에서 들려오는 화재 경보 등. 이 모든 것들은 학생들의 주목을 끌어야 하는 선생님이 끊임없이 맞서 싸워야 하는 적들이다.

학생들은 언제나 선생님이 말로 설명하는 내용보다 행동으로 보여주는 것에 더 쉽게 주목할 것이다. 실험이 실시되는 동안이나 선생님이 칠판에 그림을 그리는 동안에, 아이들은 조용히 입을 다물고 거기에 빨려 든다. 나는 강의실을 가득 채운 대학생들이 어느 순간 쥐죽은 듯 조용해지며 물리학 교수가 실험에 쓸 막대기를 끈으로 묶는 것을 지켜보다가 교수가 실험에 대한 설명을 시작하려는 순간 다시 소란스럽게 떠드는 현장을 지켜본 적이 있다.

어느 여자 교수는 이런 이야기를 들려주었다. 어느 날 그녀는 강의 시간 내내 한 학생의 주의를 완전히 사로잡은 것 같아서 아주 기뻤다. 그 학생이 그녀의 얼굴에서 시선을 잠시도 떼지 않았던 것이다. 그러나 강의가 끝난 뒤 이 학생이 한 말은 정말 충격이었다. "강의 시간 내내 교수님을 지켜보았는데요, 교수님의 위턱은 한 번도 움직이지 않더군요!" 이 학생이 이 여교수의 수업 시간에 얻은 유일한 지식은 바로 그것이었다.

그렇다면 살아 있는 것들, 움직이는 것들, 위험이나 피의 냄새를 풍기는 것들, 극적인 요소를 지닌 것들은 아이들에게 원래부터 재미를 안겨주는 대상에 포함된다. 그 외의 거의 모든 것은 원래부터 재미있는 대상에 포함되지 않는다. 어린 학생들을 가르치는 선생님은 학생들의 관심을 인위적으로 충분히 불러일으킬 때까지 원래부터 재미있는 대상을 지속적으로 활용해 학생들과의 접촉을 계속 이어가야 할 것이다. 이렇듯, 교육은 대상을 동원해 객관적으로, 실험적으로, 일화 중심으로 이뤄져야 한다. 지속적으로 칠판에 그림을 그리거나 이야기를 들려줘야 하는 것이다. 물론 이런 방식은 첫 단계에만 해당하고, 어느 정도까지만 하면 된다.

그렇다면 인위적인 관심을 아이가 학교에 올 때부터 품고 있는 관심과 연결시키는 데 도움을 줄 그런 일반적인 원리가 있을까?

다행히도, 일반적인 원리를 제시하는 것이 가능하다. 습득된 관심과 타고난 관심을 서로 연결시키는 법칙은 아주 간단하다.

원래부터 재미있지 않은 대상을 이미 학생들의 관심을 끌고 있는 대상과 연결시킴으로써 새롭고 재미있는 대상으로 만들 수 있다. 이런 식으로 서로 연결된 두 개의 대상은 말하자면 함께 성장하게 된다. 재미있는 부분이 전체에 재미있는 특성을 퍼뜨리고, 그러면 그 자체로 재미있지 않던 것은 원래부터 재미있던 것으로부터 재미있던 것이 이미 누리던 관심만큼 진정하고 강한 관심을 빌리게 된다. 여기서 조금 이상한 상황은 이런 식으로 차용이 일어나는데도 그 원천은 조금도 더 빈약해지지 않고, 서로 결합된 대상들이 오히려 원래보다 더 재미있어진다는 점이다.

이것은 심리학에서 관념의 연상의 원리들이 적용되는 범위가 아주 넓다는 점을 보여주는 놀라운 증거이다. 어떤 관념이 다른 관념과 결합하여 하나의 정신적 실체를 형성할 때, 둘 중 어느 한 관념이 원래부터 지니고 있던 재미를 다른 관념에 퍼뜨리게 된다. 재미있는 관념이 연상을 일으키는 경로가 무한하다는 사실을 고려한다면, 관심을 불러일으킬 수 있는 길이 얼마나 많은지 짐작이 될 것이다.

구체적인 예를 제시하면, 여러분은 지금까지 말한 추상적인 설명을 보다 쉽게 이해할 수 있을 것이다. 어떤 대상이 자신의 개인적 행복과의 연결을 통해 새로운 관심을 끌게 되는 예는 우리 주변에 아주 많다. 우리 모두에게 원래부터 큰 관심을 끄는 대상은 바로 자기 자신과 자신의 운명이다.

아이에게 책과 연필을 비롯한 학습 도구를 빌려줘 봐라. 그리고 어느 정도 시간이 지나서 그 아이에게 책과 연필을 주면서 아이에게 그걸 가지라고 말해보라. 이때 여러분은 아이의 눈에서 빛이 반짝거리는 것을 확인할 것이다. 아이는 자신의 소유가 된 학습 도구에 완전히 다른 종류의 관심을 보이며 그것을 소중히 간직할 것이다.

어른이 된 이후의 삶도 이와 크게 다르지 않다. 성인의 사업이나 직장의 고된 일은 그 자체로는 견디기 힘들지만 본인에게 중요한 의미를 지니게 마련이다. 누구나 그 일이 자신의 개인적 운명과 연결되어 있다는 사실을 잘 알고 있기 때문이다.

이 세상에 열차 시간표보다 더 따분한 것이 있을까? 그럼에도 여러분이 여행을 떠나려 한다면, 열차 시간표보다 더 큰 관심을 끌 수 있는 것은 무엇일까? 여러분의 기차 시간을 알게 해주는 것으로 열차 시간표 외에 또 뭐가 있을까? 그런 경우엔 열차 시간표가 여러분의 관심을 몽땅 잡아끌 수 있다. 이때의 관심은 여러분의 개인적 삶과의 관계에서 차용되고 있다.

이런 모든 사실들로부터, 매우 단순한 추상적인 프로그램이 하나 나온다. 선생님이 아이의 관심을 잡아매어두려 할 때 이용할 수 있는 프로그램이다. 먼저 무엇이든 아이의 타고난 관심을 자극할 수 있는 것으로 시작하라. 그런 다음에 아이에게 그 관심과 직접적으로 연결된 대상을 제시하라. 유치원의 교수법, 실물 교수법, 칠판을 이용한 교수법, 공작 활동 등은 모두 이 같은 원칙을 이용하고 있다. 이 방법들이 널리 통용되고 있는 학교에서는 수업이 수월하게 진행되고 또 선생님이 명령을 하거나 주목하라고 지시하는 소리가 그다지 많이 들리지 않게 된다.

그 다음에는 최초의 대상이나 경험을 여러분이 학생에게 주입시키길 원하는 대상이나 관념과 차근차근 연결시켜라. 새로운 것을 기존에 있던 것과 자연스럽고 인상적인 방식으로 연결시켜라. 그러면 기존에 있던 것에 쏠렸던 관심이 거기서부터 새로운 것으로 전파되면서 마침내 전체 사고로 퍼지게 될 것이다.

이것은 추상적인 진술이며, 추상적인 진술을 통해서는 어떠한 것도 쉽게 이해되지 않는다. 어려움은 그 규칙의 실천에 있다. 재미있는 선생님과 지루한 선생님의 차이는 거의 창의성에 있다. 재미있는 선생님은 창의성을 바탕으로 이런 연상과 연결을 성취해낼 수 있고, 지루한 선생님은 이런 연상과 연결을 찾는 능력이 떨어진다.

어떤 선생님의 마음은 새로운 수업 내용과 학생들이 이미 경험한 상황 사이의 연결점들로 반짝거릴 것이다. 이 선생님이 학생들에게 하는 말은 일화와 회상으로 넘쳐날 것이고, 관심의 폭이 넓다 보니 종횡무진 오가면서 아주 생생하고 재미있는 방법으로 새로운 것과 옛것을 함께 엮어 새로운 작품을 창조해낼 것이다.

그런 한편 다른 어떤 선생은 그런 창의적인 토양을 전혀 갖추고 있지 않을 수 있다. 그래서 그의 수업은 언제나 죽어 있고 무거울 것이다. 헤르바르트(Johann Friedrich Herbart)는 수업마다 새롭게 '준비' 해야 하고 새로운 것과 옛것의 상관성에 주목해야 한다는 원칙을 제시했는데, 이 원칙의 심리학적 의미가 바로 그런 것이다. 여러분이 최근에 자주 들었던 연구서들을 보면 학생들이 주의를 집중하게 하는 방법이 특별히 강조되고 있는데, 그 방법이 심리학적으로 의미하는 것도 바로 그런 것이다. 지리학과 영어, 역사와 산수가 서로 결합될 때, 여러분은 아이의 정신 작용이 아주 흥미롭게 연결되는 효과를 확인하게 될 것이다.

지금까지 말한 내용을 종합해 보자. 여러분이 학생의 관심을 붙들어 놓기를 원한다면, 그렇게 할 수 있는 길은 오직 하나뿐이다. 수업을 시작할 때, 아이들이 관심을 쏟을 만한 무엇인가를 마음에 떠올리도록 하는 것이다. 그 무엇인가는 아이들에게 이미 재미있게 받아들여진 관념들 중 일부로, 여러분이 지금 아이들에게 제시하려는 진기한 대상과 자연스럽게 어울리고 연상을 일으키면서 논리적인 어떤 전체를 만들어낼 수 있는 것이어야 한다. 다행한 것은 거의 모든 종류의 연결이 관심을 지속키기에 충분하다는 점이다.

필리핀-미국 전쟁(1899~1902년) 같은 것도 지리를 가르치는 데 큰 도움을 줄 것이다. 그러나 이 전쟁에 대한 이야기로 들어가기 전에, 여러분은 먼저 아이들에게 계란에 후추를 쳐서 먹는지, 그리고 그 후추가 어디서 온다고 생각하는지에 대해 물어야 한다. 혹은 유리가 돌의 일종인지를 묻고, 아니라고 대답하면 왜 아닌지를 물어라. 그런 다음에 아이들에게 돌이 어떤 식으로 형성되는지, 그리고 유리가 어떻게 제작되는지에 대해 가르쳐라. 외적 연결도 보다 깊고 논리적인 연결 못지않게 많은 도움을 줄 것이다. 그러나 관심은 어떤 주제에 한번 쏟아지기만 하면 언제나 그 주제와 함께할 가능성이 크다.

우리가 습득한 것은 우리의 개인적 자아의 일부가 된다. 연상이 증가하고 습관과 실천이 늘어남에 따라, 우리의 사고 대상의 전체 체계도 조금씩 꾸준히 통합되고, 이 체계의 대부분은 어떤 목표에 어느 정도 재미있게 기여하게 된다.

어른의 관심들은 거의 대부분 대단히 인위적이다. 그 관심들은 그야말로 서서히 생겨난 것이다. 그 관심들 대부분은 본래 직업적 관심의 대상이었고 또 혐오감을 일으키는 것이었다. 그러나 그 사람 본인의 운명이나 사회적 책임과의 연결에 의해, 특히 만성적인 습관의 힘에 의해, 중년에 이른 사람에게는 그런 관심들이 신경을 쓰는 유일한 것이 된다. 그러나 이 모든 관심이 퍼지고 굳어지는 것도 지금까지 설명한 원리를 따를 뿐이다.

잠시 모든 것을 내려놓고 자신의 개인사를 돌아본다면, 우리는 자신의 직업적 이상과 그 이상이 고무하는 열정은 어떤 정신적 대상이 다른 정신적 대상과 결합하면서 꾸준히 누적된 결과 일어난다는 것을 알 수 있을 것이다. 이 정신적 대상이 누적되어 온 과정을 거꾸로 더듬어 올라가다 보면, 유치원이나 학교 교실에서 듣거나 보았던 단순한 이야기나 대상, 혹은 관찰했던 어떤 작용이 우리의 이해의 범위 안에 원래 있던 것들과 새롭게 연결되면서 새로운 대상과 관심을 불러일으켰던 그런 순간까지 닿을 것이다. 지금 우리의 전체 사고 체계를 흠씬 적시고 있는 관심은 바로 그 작은 사건에 기원을 두고 있다. 그런데 당시에 그 사건은 아주 사소했다. 지금 우리가 까마득히 잊고 있을 만큼 사소했다.

이를 시각적으로 표현하면 이런 그림과 비슷할 것 같다. 꿀벌의 떼를 상상해보자. 각각의 꿀벌은 층을 이루며 서로 맞닿아 있다. 그 중에서 그 꿀벌 떼가 의지하고 있는 나뭇가지를 발로 직접 잡고 있는 꿀벌은 몇 마리 되지 않는다. 그렇듯 우리의 사고 대상들도 연상을 통해 서로 연결되어 있지만, 그 모든 대상들에 대한 관심의 원천은 가장 먼저 존재했던 대상이 원래부터 갖고 있던 관심이었다.

제11강

주의

관심을 다루면 당연히 주의도 다뤄야 한다. 그 이유는 어떤 대상이 관심을 끌고 있다고 말하는 것은 그 대상이 주의를 자극하고 있다고 말하는 것이나 마찬가지이기 때문이다. 이미 재미있거나 재미있어지고 있는 대상이 끌어당기는 주의를 우리는 수동적 주의 혹은 자동적 주의라고 부를 것이다. 이런 주의 외에 보다 의식적인 주의도 있다. 이를 우리는 노력이 요구되는 주의 혹은 의도적 주의라고 부를 것이다. 사람들은 그 자체로 덜 재미있거나 전혀 재미없는 대상에도 이런 주의를 기울일 수 있다.

심리학에 관한 책들은 예외 없이 능동적 주의와 수동적 주의를 구분하고 있다. 이 구분은 주의의 본질을 보다 깊이 들여다보게 한다.

그러나 순수하게 실용적인 관점에서 본다면, 주의를 그렇게 복잡하게 다룰 필요가 없다. 원래부터 재미있는 대상에 대한 수동적 주의는 별도의 설명이 전혀 필요하지 않다. 우리가 주목해야 할 부분은 다음과 같은 사실이다. 학습 자료를 재미있는 것으로 채택함으로써 수동적 주의에 대한 의존도를 높일수록, 노력이 요구되는 의도적 주의에 대한 의존도를 낮출 수 있다는 사실 말이다. 이런 사실에 신경을 쓰면, 교실에서의 공부가 훨씬 더 즐겁고 더 부드럽게 이뤄질 것이다. 그러나 의도적 주의가 일어나는 과정에 대한 설명은 반드시 필요하다.

천재적 재능은 주의를 지속시키는 힘에 지나지 않는다는 말이 있다. 또 천재적 재능을 지닌 사람들은 집중력이 대단하다는 인상이 널리 퍼져 있다. 그러나 조금만 깊이 생각해보아도 의도적 주의는 오랫동안 지속되지 않고 끊어졌다 이어졌다 하기를 반복한다는 사실이 쉽게 확인된다.

재미없는 과목이라서 마음이 이리저리 산만하게 떠돈다면, 누구나 수시로 마음을 다잡기 위해 억지로 노력해야 한다. 그러면 그 과목에 주의를 다시 몇 초 동안 기울이게 되지만, 조금 있으면 자기도 모르게 주의는 다른 곳으로 흩어진다. 그러기에 의지를 발동시켜 주의를 다시 부르는 과정이 지속적으로 일어나야 하는 것이다. 한 마디로 말해, 이때의 의도적 주의는 어디까지나 순간에 지나지 않는다. 주의를 일으키는 과정은 단 한 차례의 행위로 소멸되어 버린다. 만약에 그때 그 과목에 원래부터 재미있는 요소가 잡히지 않으면, 학생의 마음은 절대로 그 과목을 따르지 않을 것이다.

천재가 어떤 주제에 집착하면서 쏟는 주의는 대개 수동적 주의이다. 천재의 마음은 독창적인 연상들로 가득하다. 그래서 천재가 생각하는 주제는 한번 시작되었다 하면 이 연상에서 저 연상으로 아주 재미있게 자유자재로 옮겨 다니기 때문에, 천재의 주의는 좀처럼 사라지지 않게 된다.

반면에 아주 평범한 마음인 경우에 어떤 주제는 천재보다 훨씬 더 적은 수의 연상을 일으킨다. 그러다 그 주제는 금방 사라지고 만다. 만약에 그 주제에 대해 계속 생각하고자 한다면, 평범한 마음을 가진 사람은 의식적인 노력을 통해서 주의를 그 주제로 계속 다시 끌고 와야 한다. 그러는 과정에 그 사람의 내면에 의도적 주의의 능력이 일상의 삶 속에서 배양의 기회를 풍부하게 누리게 된다.

이런 측면에서 본다면, 주의의 능력을 가장 많이 키울 수 있는 사람은 세일즈맨이 아닐까 싶다. 왜냐하면 세일즈를 하기 위해서는 정말로 재미없는 사람들을 상대하면서 온갖 사소한 말을, 그러니까 원래부터 재미있지 않은 말을 다 들어주며 주의를 끊임없이 훈련시켜야 할 것이기 때문이다.

이와 반대로 천재는 그 자체로 재미없거나 불쾌한 일에 주의를 기울이는 능력이 가장 떨어지는 사람일 것이다. 천재는 약속도 곧잘 깨고, 편지에 답장도 제대로 쓰지 않고, 가족에 대한 의무도 무시한다.

왜냐하면 천재의 경우에는 자신의 주의가 쏠리는 것을 자제하는 능력이 떨어지고, 또 자신의 마음을 끊임없이 사로잡는, 보다 재미있는 이미지의 기차에서 좀처럼 뛰어 내리지 못하기 때문이다.

따라서 의도적 주의는 기본적으로 매순간 노력을 기울일 것을 요구한다. 여러분은 교실에서 고압적인 목소리로 학생들에게 주의를 기울이라고 명령함으로써 학생들의 마음을 여러분에게로 끌 수 있다. 이런 식으로 하면, 학생들의 주의가 쉽게 여러분에게로 모아진다. 그러나 만약에 학생에게 주의를 쏟으라고 요구한 그 주제가 학생들을 흥미롭게 만들 힘을 갖고 있지 않다면, 여러분은 학생들의 주의를 아주 짧은 순간만 붙잡아놓을 수 있을 뿐이다. 학생들의 마음은 금방 그 주제로부터 멀어질 것이다.

학생들이 여러분이 가르치는 주제에 주의를 기울이도록 하려면, 주제 자체를 재미있게 다듬어 학생들이 거기서 눈을 떼지 못하도록 만들어야 한다. 그렇게 할 수 있는 방법이 한 가지 있다. 그러나 이 방법은 다른 모든 방법들과 마찬가지로 추상적이다. 이 방법을 통해서 실용적인 결과를 끌어내기 위해서, 여러분은 각자 타고난 재치를 발휘할 수 있어야 한다.

그 방법은 여러분이 가르치려는 주제의 새로운 측면을 찾아내서 궁금증을 촉발시키는 것이다. 한 마디로 말해, 주제에 변화를 주는 것이다. 학생이 변화하지 않는 주제로부터 주의를 거둬들이는 것은 너무나 당연한 일이다.

감각적인 주의의 한 간단한 예를 통해 주의가 쉽게 흐트러지는 현상을 확인하도록 하자. 벽이나 종이에 찍힌 점 하나에 주의를 꾸준히 집중하려고 노력해 보라. 그러면 여러분은 다음 두 가지 중 하나가 일어나는 것을 확인하게 될 것이다. 여러분의 시야가 흐려지는 까닭에 여러분의 눈에 선명한 것이 하나도 보이지 않게 되거나, 여러분이 자신도 모르게 종이 위나 벽 위의 점을 보지 않고 다른 무엇인가를 보고 있을 것이다.

그러나 여러분이 그 점에 대해 끊임없이 질문을 던진다고 가정해보자. 점의 크기가 어느 정도인지, 점의 모양이 어떤지, 점의 색깔이 무슨 색인지 등에 대해 생각해보라. 달리 말해, 그 점을 이리저리 돌리고 뒤집고 점에 대해 다양한 방식으로 생각하며 다양한 것들을 연상하도록 해보라. 그러면 여러분은 그 점에 비교적 오랫동안 마음을 줄 수 있을 것이다. 천재가 하는 것이 바로 그런 식이다. 주어진 어떤 주제는 천재의 손 안에서 빛을 반짝이며 성장한다.

학생들에게 위압적인 목소리로 주의를 기울이라고 빈번하게 말하지 않고도 학생들의 주의를 잡아매두고 싶어 하는 선생님은 가르치는 주제마다 그런 식으로 해야 한다. 어느 분야 할 것 없이, 주의를 강요하는 것은 낭비적인 방법이다. 결과도 좋지 않을 뿐만 아니라, 학생들의 성격을 버려놓고 신경의 피로를 부를 수 있다. 매순간 학생들의 관심을 자극하며 좋은 성과를 이룰 수 있는 선생님이야말로 가장 훌륭한 기술을 갖춘 선생님으로 여겨져야 한다.

그러나 교실에서 이뤄지는 모든 공부에는 지루하고 재미없을 게 틀림없는 자료가 아주 많다. 그렇기 때문에 학생들이 연상을 통해 그런 자료에 주의를 지속적으로 기울이는 것은 사실상 불가능하다. 그러므로 선생님이 수시로 학생들의 주의를 일깨우는 외적인 방법들이 있다. 이 방법들에 대해 선생님은 누구나 다 잘 알고 있다.

피치(Mr. Fitch)는 주의를 끄는 기술에 대한 강의를 하면서 이 방법들을 간단히 검토했다. 자세도 바꿔야 하고, 장소도 바꿀 수 있어야 한다. 질문도 학생 한 사람에게 하기도 하고 학급 전체에 하기도 해야 한다. 어떤 문장 속의 단어를 지워놓고 거기에 적절한 단어를 찾게 하는 방법도 있다. 선생님은 공부에 관심을 보이지 않는 학생에게 특별히 신경을 쓰며 그 아이를 깨워놓아야 한다. 수시로 질문을 던지고 답하게 하는 습관을 지켜나가야 한다. 개요, 삽화, 예, 기발한 순서, 일상의 파격 등은 학생들의 주의를 생생하게 잡아두면서 재미없는 주제에 어느 정도의 재미를 불어넣는 수단들이다. 무엇보다도 선생님 본인이 팔팔하게 살아 있고 언제나 준비가 되어 있고 또 본보기가 되어 전염력을 발휘할 수 있어야 한다.

그러나 이 모든 것에도 불구하고, 그 존재만으로도 주변을 재미있게 가꾸고 또 자신의 활동을 흥미롭게 끌고 가는 선생님이 있는가 하면, 어떤 노력을 기울여도 그렇게 하지 못하는 선생님이 있다는 사실에는 변함이 없다. 이 대목에서 심리학과 교육학은 실패를 인정하고 그 문제의 해결을 인간의 인격이라는 보다 깊은 샘들로 넘겨야 한다.

이젠 주의가 일어나는 과정에 대한 생리학적 이론을 간단히 보도록 하자. 그러면 약간 다른 관점에서 앞에서 제시한 실용적인 내용을 뒷받침하게 되고 자연히 그 내용도 조금 더 선명해질 것이다.

생리학적으로 고려할 경우에 주의의 과정은 어떻게 설명되는가? 어떤 대상에 주의를 기울인다는 것은 곧 그 대상이 그 사람의 마음을 완전히 차지한다는 뜻이다. 단순하게 설명하기 위해 그 대상이 감각의 대상이라고 가정하자.

길 저 먼 곳에서 어떤 형상이 우리를 향해 오고 있다. 거리가 아주 멀어서 그 형상은 거기에 무엇인가가 오고 있다는 것을 겨우 알아볼 정도로 희미하다. 그래서 움직이는 것 같지도 않다. 이런 경우에 그 형상이 사람인지 아니면 다른 동물인지 명확히 구분되지 않는다.

무심코 보면 이런 형상은 우리의 주의를 거의 끌지 못한다. 이때 시각적 인상은 단지 의식의 장 중에서 가장자리에만 영향을 줄 것이다. 그 사이에 정신의 초점은 경쟁적인 다른 것들에 맞춰져 있을 것이다. 우리는 다른 누군가가 그 형상에 대해 일러주기 전에는 그것을 볼 '필요'조차 느끼지 않을 것이다. 이런 경우에 다른 누군가는 그것을 어떤 식으로 알려주는가? 손가락으로, 그리고 형상의 생김새를 묘사함으로써, 말하자면 바라봐야 할 곳과 보게 될 것에 관한 이미지를 사전에 창조해냄으로써 그렇게 한다.

어떤 형상을 예고하는 이 이미지는 그 인상에 신경을 쓰게 될 신경 센터에는 이미 하나의 자극이 된다. 그 인상이 사람에게로 들어와서 신경 센터를 자극하는 것이다. 이어 대상이 의식의 장의 초점으로 들어온다. 이때 의식은 인상과 그 인상을 예고하는 이미지에 의해 이미 팽팽하게 긴장된 상태이다. 그러나 아직 대상에 최대의 주의가 쏟아지고 있지는 않다. 대상을 보고 있으면서도 그것에 대해 그다지 신경을 쓰지 않을 수도 있는 것이다. 그 대상이 중요한 것을 전혀 암시하지 않을 수도 있고, 경쟁관계에 있는 다른 대상이나 생각의 흐름이 재빨리 우리의 마음을 차지할 수도 있기 때문이다.

그러나 만약에 우리의 일행이 그 대상에 대해 의미 있는 쪽으로 정의하면서 우리의 마음에서 걱정스러운 경험을 불러일으킨다면, 다시 말해 그 대상을 적이나 중요한 소식을 전할 사자(使者)로 규정한다면, 의식의 장의 가장자리에 있던 생각들이 순식간에 일깨워지면서 그 대상과 경쟁을 하기는커녕 아주 가까운 동맹이 될 것이다. 그러면 걱정스러운 경험과 주변적인 생각이 서로 결합하며 그 대상에 집중하면서 주의의 초점을 맞출 것이다. 이때 마음은 최대의 힘으로 그 대상에 주목하게 된다.

그러므로 주의가 절정에 이르는 때는 생리학적으로 볼 때 뇌 세포가 양 방향으로, 말하자면 밖에서 안으로 또 안에서 밖으로 작용하는 상태에 의해 상징될 것이다. 말초에서 오는 전류는 뇌세포를 자극하고, 기억과 상상의 센터로부터 오는 이차적인 전류는 다시 기억과 상상을 강화한다.

이 과정에 말초에서부터 들어오는 인상은 보다 새로운 요소이며, 이 인상을 강화하고 떠받치는 관념들은 마음에 이미 들어 있던 관념들이다. 그렇다면 신기한 것과 옛것 사이에 조화나 통합이 체계적으로 이뤄질 때마다 최대의 주의가 발견될 것이라고 말해도 무방할 것이다.

오래된 것도 새로운 것도 그 자체로는 재미없다는 점은 좀 특이하다. 전적으로 오래된 것은 지루하고, 전적으로 새로운 것은 호소력을 전혀 발휘하지 못한다. 새로운 것 속에 들어 있는 오래된 것이 주의를 끄는 바로 그것이다. 말하자면 약간 새로운 경향을 가진 옛것이 주의를 끈다는 뜻이다.

아무도 자신의 지식과 완전히 무관한 주제에 관한 강의를 듣고 싶어 하지 않는다. 우리 모두는 자신이 이미 어느 정도 알고 있는 주제에 대한 강의를 좋아한다. 패션에서 매년 작년 옷을 조금만 변형시킨 작품이 소개되는 것과 똑같다. 십년에서 또 다른 십년으로 건너뛰는 도약은 사람들의 눈에 거슬릴 것이다.

학생들을 자극하는 재미있는 선생님의 천재성은 학생과 공감하면서 학생의 마음이 이미 자발적으로 끌리고 있을 그런 종류의 자료를 예측하는 능력에, 그리고 그 자료와 학생들이 이미 배운 것을 연결시킬 수 있는 경로를 발견해내는 그 창의성에 있다. 이 원리를 이해하기는 쉽지만, 그것을 현실로 구현하기는 대단히 어렵다. 내가 지금 소개하고 있는 심리학 지식을 안다고 해서 훌륭한 선생님이 되는 것은 절대로 아니다. 원근법을 안다고 해서 탁월한 풍경화 화가가 되지는 않는 것과 똑같은 이치이다.

이 대목에서 여러분 중에서 어떤 회의를 품는 사람이 있을 수도 있을 것 같다. 조금 전에 호전적인 본능과 관련해서 나는 현대 교육학에 대해 지나치게 '부드러울지' 모른다는 점을 지적했다. 지금 여기서 여러분은 그때 나 자신이 한 말을 들이대면서, 선생님이 학생의 관심을 잡아두기 위해 일방적으로 노력하는 것은 학생들을 지나치게 약한 존재로 보는 것이 아니냐고 물을지도 모르겠다. 학교 교실에서 이뤄지는 공부의 상당 부분은 그 성격상 언제나 지겨울 수밖에 없다. 또 재미없고 고된 일을 직시하는 것이 인생에 유익하다고도 말한다. 그런데 학교 교실에서 재미없는 일을 배제하거나 엄격한 법칙을 약화시키려 하는 이유가 뭔가?

여기서 심각한 오해를 낳을 수도 있는 문제에 대해 약간의 설명이 필요할 것 같다. 그래야만 오해가 해소될 테니까.

교실에서 이뤄지는 대부분의 공부가 습관이 되고 자동적인 것이 될 때까지 지겨운 것은 사실이다. 또 주의를 다시 쏟으려는 노력이 수시로 이뤄지지 않는 가운데서는 학교 공부가 불가능한 것도 사실이다. 이는 불가피한 일이다. 단편적인 지식을 기억하거나 수학을 푸는 등의 지겨운 과정은 먼저 순전히 외적인 원천에서, 주로 그 과정을 마스터하는 데 따르는 개인적 이득으로부터 관심을 차용해야 한다. 이 개인적 이득의 예를 든다면, 등수가 올라가거나 벌을 피하거나 난관 앞에서 굴복하지 않는 것 등이 있다. 그런 식으로 관심을 차용하지 않으면, 아이는 학과 공부에 주의를 쏟지 않을 것이다.

그러나 이런 과정을 통해 아이가 주의를 기울일 만큼 충분히 재미있어진 것도 그것으로 계속 학생의 주의를 끌게 되는 것은 아니다. 아이가 나름대로 주의를 기울이려고 노력해야만 하는 것이다. 노력은 언제나 지속되어야 한다. 왜냐하면 차용된 관심은 대개 주의를 쉽게 일깨우지 못하기 때문이다.

선생님이 최고의 기술을 발휘하여 주제에 불어넣는 재미도 단지 주의를 기울이는 노력을 용이하게 만들 정도의 재미에 지나지 않는다는 사실이 거듭 확인되고 있다. 그러므로 선생님은 학습을 너무 재미있게만 끌고가려고 노력하는 것이 아닌가 하는 점에 대해서는 전혀 걱정할 필요가 없다.

선생님은 주제 안에 들어 있는 재미있는 요소는 무엇이든 다 끌어내야 한다. 그런 다음에 재미있는 요소와 학생의 본성을 연결시키면

된다. 이때 학생의 이론적 호기심이나 개인적 관심, 호전적 충동 등이 강조될 수 있다. 그러면 마음의 법칙들이 작용하면서 학생이 지적 훈련을 할 만큼 충분한 노력을 주제 쪽으로 기울이도록 할 것이다.

사실, 지겹거나 어려운 사고의 대상들에 주의를 기울이려고 꾸준히 애를 쓰는 것보다 더 훌륭한 노력은 없다. 이런 식으로 주의를 기울이려고 노력할 경우에 이 사고의 대상들은 시간이 한참 흐른 뒤에나 성취될 이상적인 목표와의 연상을 통해서 우리의 관심을 끌게 될 것이다.

그러므로 헤르바르트가 관심과 관련해 제시한 원리는 원칙적으로 교육을 부드럽게 만든다는 비난을 들어서는 안 된다. 만약에 헤르바르트의 원리가 교육을 부드럽게 만든다면, 그것은 그 원리를 엉터리로 실천하고 있기 때문이다. 헤르바르트의 원리를 따른다면, 단지 훈육을 위해서 큰 소리로 학생들에게 주의를 기울이라고 호통을 치는 일이 없도록 해야 한다. 학생들에게 주의를 기울여달라고 간청하는 일도 자주 있어서는 안 된다. 또 학생들에게 주의를 기울이라고 요구하는 것이 선생님의 권리라는 식으로 접근해서도 안 된다. 가르치려는 주제의 중요성을 강조하는 것으로 학생들의 주의를 끌려고도 하지 말아야 한다.

물론 이런 일도 간혹은 있어야 한다. 그러나 여러분이 그렇게 하는 횟수가 많을수록, 스스로 유능하지 못한 선생님이라는 점을 드러내는 꼴이 될 것이다. 여러분이 가르치려는 주제에 정성을 최대한 쏟으면서, 내가 설명한 법칙들에 따라 그 주제에서 재미를 끌어내려고 노력하는 것이 바람직하다.

주제가 지나치게 추상적이라면, 구체적인 예를 제시함으로써 그 주제의 본질을 보여주도록 하라. 주제가 낯설다면, 그 주제 안에 기왕에 잘 알려진 것들과 연결시킬 것이 없는지를 찾도록 하라. 주제가 냉혹한 것이라면, 그것을 어떤 스토리의 한 부분으로 만들어 제시하라. 주제가 어렵다면, 그것의 습득과 학생의 개인적 이득을 연결시키도록 하라. 무엇보다, 주제에 어떤 내적 변화를 주는 것을 잊지 말아야 한다. 변화가 전혀 없는 대상은 정신의 장에 오랫동안 머물지 않을 것이기 때문이다. 학생이 여러분의 주제에서 다른 것으로 주의를 옮기려 하지 않는다면, 학생이 여러분이 가르치는 주제의 이 측면에서 다른 측면으로 떠돌도록 해 주라. 그렇게 하라고 주문하는 이유는 통일성 속의 다양성이 재미있는 모든 대화와 생각의 비결이기 때문이다. 지금까지 논한 모든 내용과 교육자의 타고난 천재성의 관계는 너무나 분명하기 때문에 새삼 언급할 필요조차 없다.

강조할 것이 한 가지 더 있다. 지금까지 주의라는 주제를 다뤘다. 틀림없이 주의의 유형도 사람마다 크게 다를 것이다. 태생적으로 산만한 뇌를 가진 사람들이 있는가 하면, 다른 주제로 벗어나고 싶은 유혹을 별로 받지 않는 가운데 서로 연결된 생각의 기차를 쉽게 따르는 사람들이 있다. 이는 개인마다 의식의 장의 유형이 서로 다르기 때문이다. 어떤 사람들의 내면에서는 의식의 장에 초점이 강하게 맞춰져 있으며 그 초점 안에 들어 있는 관념들이 연상을 지배하게 되어 있다. 반면에 다른 어떤 사람들의 내면에서는 의식의 장의 변두리가 더 밝고 이미지의 유성우(流星雨) 같은 것으로 가득할 수 있다. 이런 사람의 경우엔 유성우 같은 이미지들이 수시로 의식의 장으로 들어가 초점에 자리 잡은 관념들을 대체하며 독자적으로 연상을 수행할 것이다. 후자의 유형에 속하는 사람은 자신의 주의가 매순간 떠돌아다닌다는 사실을 깨닫고 주의를 의도적으로 끌어당겨야 한다. 반면에 전자의 유형에 속하는 사람은 묵상하는 주제에 아주 깊이 빠져들고 어쩌다 방해를 받기라도 하면 잠깐 멍해졌다가 외부 세계로 돌아오게 된다.

이처럼 주의를 꾸준히 기울이는 능력을 가진 것은 분명 커다란 축복이다. 주의 집중력이 있는 사람들은 일을 더 빨리 처리하고 신경의 피로도 덜 느낄 수 있다. 나는 주의 집중력을 갖지 않은 사람은 훈련을 아무리 많이 해도 그런 집중력을 습득하기 어렵다고 생각하는 쪽이다. 어쩌면 집중력의 강도는 개인에 따라 이미 정해져 있을 수도 있다.

그러나 나는 여기서 다른 맥락으로 도움이 될 만한 말을 하고 싶다. 어느 누구도 자신이 가진 기본적인 기능들 중에서 열등한 부분을 터무니없이 열심히 파고들 필요는 없다는 점이다. 주의 집중력은 기본적인 기능이다. 그것은 실험실에서 확인하고 측정할 수 있는 그런 기능의 하나이다. 그러나 다수의 사람들을 통해서 그 기능을 확인했다 하더라도, 실제 마음의 유효성에서 주의 집중력이 하는 역할의 순위를 매기는 것은 결코 불가능한 일이다.

어떤 사람이 가진 마음의 전체 능률은 그 사람의 모든 기능들이 함께 작동한 결과물이다. 사람은 너무나 복잡한 존재이기 때문에 이 기능들 중 어느 하나가 캐스팅 보트를 쥘 수는 없다. 만약에 이 기능들 중 하나가 캐스팅 보트를 쥐게 된다면, 그 기능은 그 사람의 욕망이나 열정, 혹은 그 사람이 일에 쏟는 관심의 강도일 가능성이 크다. 집중력과 기억력, 추리력, 창의성, 감각의 우수성 등은 욕망이나 열정, 관심에 비하면 부차적이다. 어떤 사람의 의식의 장이 뇌를 아주 산만하게 자극하는 유형일지라도, 만약에 어떤 주제에 진정으로 관심을 둔다면, 그 사람은 끊임없이 다른 곳으로 벗어나려는 방랑을 멀리하며 그 주제로 다시 돌아오면서 더 열심히 임할 수 있을 것이다. 그러면 그 사람은 주어진 어떤 기간 안에 주의를 미지근하게 지속적으로 기울인 다른 사람보다 더 나은 결과를 얻을 수 있을 것이다.

내가 알고 있는 아주 효율적인 사람들 중 일부는 아주 산만한 뇌를 가진 유형이다. 일을 엄청나게 많이 하는 어느 친구는 이렇게 고백했다. 이 친구는 어떤 주제에 대한 아이디어를 얻길 원할 경우에 의자에 앉아서 그 주제와 관계없는 일을 하는데, 엉뚱하게도 그런 식으로 마음이 이리저리 떠돌도록 내버려둘 때 가장 좋은 결과를 얻는다는 것이었다. 간략하게 요약하다 보니 이 친구의 말에 아마 다소 과장된 측면이 있을 것이다. 그러나 나는 주의 집중력이 부족하다고 해서 지나치게 낙담할 필요는 없다고 진정으로 생각한다. 비록 편안함을 좀처럼 느끼지 못하거나 불안해하며 혼란을 느낄지는 몰라도, 우리의 마음은 그 효율성을 따지자면 유형을 불문하고 똑같이 대단히 효율적일 것이다.

제12강

기억

지금 우리는 다소 자의적인 순서를 따르고 있다. 우리의 정신적 기능 하나하나는 전체적으로 혹은 부분적으로 연상 작용의 결과물이다. 그렇기 때문에 연상을 다룬 다음에 기억을 다뤄도 관심과 주의를 다루는 것만큼이나 자연스러웠을 것이다. 그러나 관심과 주의를 먼저 다뤘기 때문에, 여기서는 더 미루지 않고 기억을 다뤄야 한다. 그 이유는 기억 현상이 기본적으로 우리의 마음이 연상을 일으키는 기계라는 사실에 따른 가장 직접적이고 단순한 결과 중 하나이기 때문이다.

심리학적 분석의 원리로서 연상의 법칙들이 갖고 있는 다산성을 보여주는 예로 기억보다 더 탁월한 예는 없다. 게다가 기억은 학교 교실에서 대단히 중요한 기능이다. 그렇기 때문에 여러분은 심리학이 기억을 높일 수 있는 방법을 제시할 수 있지 않을까 하고 잔뜩 기대를 품고 있을 것이다.

옛날에 여러분이 누군가에게 어느 한 순간에 그 사람이 과거 삶 중에서 특별한 어떤 사건을 기억하게 된 이유에 대해 설명해달라고 부탁했다고 가정해보자. 그러면 그 사람이 제시할 수 있었던 유일한 대답은 아마 자신의 영혼이 기억이라 불리는 기능을 부여받았고, 또 회상하는 것이 기억 기능의 양도할 수 없는 일이고, 따라서 자신은 당연히 그 순간에 과거 중에서 그 부분을 생각하게 되었다는 식이었을 것이다. 이런 식으로 '기능'을 근거로 기억을 설명하는 이론은 오늘날 연상에 의한 설명으로 완전히 대체되었다.

만약에 기억의 기능을 갖고 있다는 말이 우리가 기억할 수 있다는 사실을 의미하는 데서 그치거나 과거를 회상하는 능력을 의미하는 데서 그친다 하더라도, 거기엔 잘못된 것이 하나도 없다. 우리가 그런 능력을 갖고 있고, 또 그런 능력이 있다는 데는 의문의 여지가 없기 때문이다.

그러나 만약에 기능이라는 표현을 전반적인 회상 능력을 설명하는 원리로 사용한다면, 여러분이 아는 그런 심리학은 공허하기 짝이 없어진다. 반면, 연상 심리학은 회상의 구체적인 사실 하나하나에 대한 설명을 제시할 수 있다. 또 그렇게 함으로써 연상 심리학은 회상이라는 일반적인 기능에 대한 설명도 제시할 수 있다. 따라서 기억의 '기능'은 기억에 대한 종국적인 설명이 절대로 되지 못한다. 왜냐하면 기억의 기능 자체가 관념들의 연상의 결과로 설명되기 때문이다.

구체적인 예를 제시하면, 지금까지 기억과 관련해서 한 말이 아주 쉽게 다가올 것이다. 내가 한 동안 침묵을 지키고 있다가 여러분에게 명령하는 투로 "기억해! 회상해!"라고 말한다고 가정하자. 그러면 여러분의 기억 기능이 이 명령을 따르면서 여러분의 과거에서 어떤 명확한 이미지를 끄집어낼 수 있을까? 그렇지 않은 것이 확실하다. 그 기억 기능은 멍한 눈으로 "기억하라고 한 것이 도대체 뭐야?"라고 물을 것이다. 한마디로 말해, 기억의 기능은 단서를 필요로 한다.

그러나 만약에 여러분의 생일을 기억하라고 하든가 오늘 아침에 뭘 먹었는지를 기억하라고 하든가 음계를 외우라고 한다면, 여러분의 기억 기능은 즉시 필요한 결과를 내놓을 것이다. '단서'가 어떤 구체적인 목표를 향할 수 있는 잠재력을 만들어내기 때문이다.

어떻게 이런 일이 일어나는지를 본다면, 여러분은 즉각 그 단서가 회상해야 할 것과 아주 밀접하게 연결되어 있다는 사실을 알게 될 것이다. '생일'이라는 단어는 구체적인 해와 달과 일과 깊은 연결을 갖고 있고, '오늘 아침'이라는 단어는 커피와 베이컨 에그와 연결되는 것을 제외한 다른 모든 경로를 차단하고, '음계'는 곧 도 레 미 파 솔 라 등의 끈끈한 정신적 이웃들로 이뤄져 있다.

연상의 법칙은 사실 우리의 모든 생각의 기차를 지배하고 있으며, 이 생각의 기차는 밖에서 공격하는 감각의 방해를 받지 않는다. 마음에 나타나는 모든 것은 무엇인가에 의해 제시되어야 한다. 이때 마음에 나타나는 것은 예외 없이 이미 마음에 있던 다른 무엇인가와의 연상을 통해 제시된다. 이는 여러분이 지금 떠올리고 있는 것뿐만 아니라 여러분이 생각하는 다른 모든 것에도 그대로 적용된다.

여기서 기억에 대해 조금만 더 생각해 보자. 그러면 여러분의 기억에는 기억을 순수한 정신적 기능으로 보는 관점으로는 설명되지 않거나 별난 특징들이 있다는 사실이 확인될 것이다. 기억이 실용적 활용을 위해 우리에게 허용된 순수한 정신적 기능이라면, 우리는 기억할 필요성을 가장 강하게 느끼는 것을 가장 쉽게 기억할 수 있어야 할 것이다. 또 그럴 경우엔 반복하는 횟수나 시간적 인접성 등은 기억에 아무런 역할을 하지 않아야 할 것이다. 우리가 최근의 일들과 자주 일어나는 일들을 가장 잘 기억하고 또 오래된 것이나 한 번만 경험한 것을 쉽게 망각한다는 사실은 그런 관점에서 보면 이해 불가능한 변칙으로 여겨져야 할 것이다.

그러나 만약에 우리가 연상 때문에 기억하고 또 이 연상들이 (생리심리학자들이 믿는 것처럼) 조직화된 뇌 경로 때문에 일어나는 것이라면, 시간적 인접성과 반복의 법칙이 지배하게 되는 과정이 쉽게 확인될 것이다. 빈번하게, 그리고 최근에 거친 경로들은 가장 활짝 열려 있는 경로들이고 또 결과들을 가장 쉽게 낳을 것으로 기대되는 경로들이다. 그러므로 기억의 법칙은 우리가 실제로 확인하고 있는 바와 같이 우리의 연상의 성향에 따른 사건들을 요약 정리한 것이다.

만약에 우리가 육체를 벗어나게 된다면, 아마도 연상에 따른 사건들은 더 이상 일어나지 않게 될 것이다.

그렇다면 회상은 연상 과정의 결과물이고 연상 과정 자체는 종국적으로 뇌의 작용 때문에 일어난다고 단정해도 무방할 것이다.

기억의 기능을 보다 구체적으로 파고들려면, 이 기능이 저장 창고로서 지닌 잠재적인 양상들과 이 기능이 어떤 구체적인 사건의 회상으로서 지닌 실질적인 양상을 반드시 구분해야 한다. 우리의 기억에는 지금은 회상하지 않고 있지만 충분한 단서가 제시되기만 하면 떠올려질, 온갖 종류의 아이템이 다 들어 있다. 기억의 일반적인 보존과 구체적인 회상은 똑같이 연상으로 설명된다. 교육을 통해 생긴 어떤 기억은 조직화된 연상 체계에 좌우되고, 그 기억의 상태는 연상의 두 가지 특징에 의해 결정된다. 이 특징 중 하나는 연상의 지속성이고, 다른 하나는 연상의 횟수이다.

이 특징들을 차례로 고려해 보자.

먼저 연상의 지속성부터 보도록 하자. 이 특징은 사람들에게 '타고난 기억력의 질(質)'이라 불릴 만한 그런 특성을 안겨준다. 만약에 뇌를 우리의 경험이 남긴 흔적들이 서로 연결되는 그런 부위로 여긴다면, 어떤 뇌는 인상을 '밀랍처럼 잘 받아들여 대리석만큼 오랫동안 지킬 수 있는 것'으로 봐도 무방할 것이다. 그런 뇌엔 아주 약한 인상도 착 달라붙어 오래 머물 것이다. 이름과 날짜, 가격, 일화, 누군가의 인상적인 말 등은 지워지지 않고 남을 수 있다. 그러기에 이런 몇 가지 요소들을 서로 결합시킬 경우에 그 사람은 머지않아 걸어 다니는 백과사전이 될 것이다. 이 모든 일들은 마음에 철학적인 경향이 전혀 없어도 일어날 수 있으며, 또 얻은 자료를 어떤 논리적 체계 같은 것으로 엮어내고 싶은 충동이 전혀 없어도 일어날 수 있다. 일화들을 모은 책에서, 보다 최근엔 심리학 책에서, 이 같은 산만한 기억의 기능이 특별히 잘 발달한 사람들의 예가 보인다. 이 사람들은 그런 기억 외에는 매우 바보스러운 모습을 보인다.

당연히 산만한 기억은 철학적인 마음에서도 잘 발달할 수 있다. 왜냐하면 정신의 특징들은 무한한 변화의 능력을 갖고 있기 때문이다. 기억과 철학이 어떤 사람의 내면에서 결합할 때, 거기서 최고 종류의 지적 능력이 나타난다. 월터 스콧(Water Scott), 고트프리트 빌헬름 라이프니츠(Gottfried Wilhelm Leibnitz), 윌리엄 글래드스톤(William Gladstone), 요한 볼프강 폰 괴테(Johann Wolfgang von Goethe) 같은 인물이 바로 이 유형에 속한다. 놀라운 정신적 능력은 정말로 이런 유형이 되어야만 가능한 것처럼 보인다. 왜냐하면 산만한 기억의 능력을 갖지 못한 철학적인 마음도 단편적인 정보를 찾을 수 있는 책을 잘 알고 있다 할지라도, 그런 검색 과정에 잃어버린 시간이 그 사상가에게 약점으로 작용하는 반면에 단편적인 것들을 많이 아는 유형의 개인에게는 이점으로 작용할 것이기 때문이다.

산만한 기억을 가진 이 사상가들과 극단적인 대조를 이루는 유형, 그러니까 연상의 힘이 크게 떨어지는 유형은 산만한 기억을 전혀 갖지 않은 사람에게서 발견된다. 만약에 이 유형의 사람들이 논리적인 힘과 체계화하는 힘까지 부족하다면, 우리는 그들을 단지 나약한 지식인이라고 부를 것이다. 이들에 대해서는 여기서 굳이 언급할 필요가 없을 것이다. 이들의 뇌 물질은 흐물흐물한 젤리와 비슷할 것으로 상상된다. 그런 뇌에서는 인상이 쉽게 만들어지긴 하겠지만 금방 사라질 것이다. 그러면 뇌는 원래의 무관심한 상태로 돌아갈 것이다.

그러나 여기서도 다른 물컹물컹한 물질에서와 마찬가지로 어떤 인상은 뇌 전체에 진동을 일으키면서 그 파동을 뇌의 다른 부위까지 보낼 수 있다. 이런 일이 벌어지면, 즉시적인 인상은 직후에 재빨리 사라질지라도 뇌의 전체 덩어리에는 어떤 변화를 주게 된다. 왜냐하면 이 인상이 지나간 경로들은 그대로 남아 있으면서 언젠가 다시 자극을 받게 될 경우에 이 인상이 일어날 수 있는 길이 되어줄 것이기 때문이다. 이 인상이 재생될 확률은 당연히 이 경로들의 다양성과 이 경로들이 사용된 빈도에 좌우될 것이다.

사실 각 경로는 하나의 연상 과정이며, 따라서 이런 식으로 연상된 것들의 숫자는 상당 부분 원래의 인상이 가졌던 점착력을 의미하게 된다. 이런 경우에 연상된 것들 하나하나는 원래의 인상이 걸려 있는 바늘이며 이 인상이 수면 아래로 가라앉을 경우에 낚아 올리는 수단이 된다. 연상된 것들은 서로 함께 작용하며 어떤 결합 체계를 만들어낸다. 바로 이 체계에 의해서 원래의 인상은 우리의 사고의 전체 조직 속으로 녹아든다. 따라서 '좋은 기억력의 비결'은 곧 우리가 알고 있는 모든 사실들을 갖고 다양하고 복합적인 연상을 형성하는 비결이다. 그러나 한 가지 사실을 갖고 이런 식으로 연상을 형성한다는 말은 그 사실에 대해 가능한 한 자주 생각한다는 뜻 외에 달리 무엇을 의미하겠는가?

간단한 예를 보자. 여기 두 사람이 있다. 이들이 한 외적 경험은 똑같다. 그런데 한 사람은 자신의 경험들에 대해 깊이 생각하면서 그것들을 갖고 서로 체계적인 관계를 엮어냈다. 이 사람은 곧 최고의 기억력을 자랑하는 사람이 될 것이다.

어떤 것을 기억하는 능력이 그것에 관한 단서가 될 다른 것과의 연상에 크게 좌우된다면, 여기서 교육학적으로 아주 중요한 어떤 결론이 나온다. 기억의 일반적 또는 기본적 기능은 향상이 절대로 불가능하고, 서로 연결된 것들 사이의 특별한 체계에 관한 기억만 향상될 수 있을 뿐이라는 것이다. 후자의 향상은 고려되고 있는 것들이 마음 안에서 서로 연결되고 있기 때문에 일어난다. 서로 아주 밀접하고 또 깊게 엮어진 것들은 오래 기억될 것이고, 따로 단절된 것은 뇌의 타고난 기억력이 형편없을수록 더욱 빨리 사라질 것이다.

대상들을 정리한 어떤 체계에 들인 훈련이나 반복, 암송의 양이 아무리 많다 하더라도, 예를 들어 역사 체계는 이와 완전히 다른 체계인 화학 체계에 속하는 것들에 대한 기억력의 지속성을 전혀 향상시키지 못할 것이다. 화학적 사실들을 정리한 체계는 역사 체계와는 별도로 마음에 간직되어야 한다. 말하자면 어떤 화학적 사실은 다른 화학적 사실들과의 연결 속에서 생각될 때에는 오래 기억되겠지만 그렇지 않을 경우에는 기억에서 쉽게 잊히게 된다는 뜻이다.

그렇다면 사람에겐 하나의 기억 기능이 있는 것이 아니라 다수의 기억 기능이 있다고 말할 수 있다. 우리는 서로의 연결 속에서 습관적으로 떠올려지는 대상의 체계들의 숫자만큼이나 많은 기억 기능을 갖고 있다. 주어진 하나의 대상은 그것이 속한 체계 안에서 이뤄진 연상들에 의해 기억에 간직된다. 이런 경우에 다른 체계의 사실들을 배운다 하더라도 그 대상이 마음 안에 머물도록 하는 데는 도움이 되지 않는다. 이유는 간단하다. 그 대상이 다른 체계 안에서는 어떠한 '단서'도 갖지 못하기 때문이다.

이런 예는 곳곳에서 보인다. 대부분의 사람들은 자신이 추구하는 것과 연결된 사실들에 대해 탁월한 기억력을 보인다. 예를 들어, 책만 들었다 하면 바보가 되는 대학 운동선수가 다양한 경기 '기록'에 대한 지식으로 여러분을 놀라게 하면서 스포츠 통계에 관한 한 걸어다니는 사전임을 증명할 수도 있다. 여기서도 이유는 간단하다. 그가 이런 것들을 마음속으로 끊임없이 검토하면서 서로 비교하며 목록을 만들었기 때문이다. 경기 관련 기록은 이 운동선수에게 별난 사실이 아니고 하나의 개념체계이기 때문에 서로 밀접하게 연결되어 있다.

마찬가지 이유로 상인은 물건 가격을 잘 기억하고, 정치인은 다른 정치인들의 연설이나 표결을 잘 기억한다. 그들의 탁월한 능력은 외부 사람들에겐 놀랍게 여겨지지만, 따지고 보면 그 능력은 그들이 그 주제에 쏟은 생각의 양에 지나지 않는다.

찰스 다윈이나 허버트 스펜서 같은 인물이 자신의 책에 풀어내는 사실들을 읽을 때면 정말 대단한 기억력의 소유자라는 생각에 놀라기도 하지만, 생리학적으로 보통 수준의 보유(保有) 능력만 있어도 그런 놀라운 기억력이 가능하다. 어떤 사람에게 아주 일찍부터 진화론 같은 이론을 증명하는 임무를 줘보라. 그러면 수많은 사실들이 금방 서로 뭉쳐지면서 그 사람에게 마치 포도송이처럼 달라붙을 것이다. 그 사실들은 그 이론과의 관계 때문에 서로 단단히 뭉쳐져 있을 것이다. 마음이 이런 사실들을 구분하는 능력이 뛰어날수록, 그 이론에 관한 지식은 더욱 깊어질 것이다.

한편 그 이론가는 체계적이지 않은 기억은 거의 갖고 있지 않을 수 있다. 이용되지 않을 사실들은 그의 눈에 잘 띄지도 않을 것이고, 설령 듣게 되었다 할지라도 금방 잊힐 것이다. 백과사전만큼 넓을 것 같은 학식 못지않게 넓은 무지가 그에게 공존하면서 그 학식이 엮고 있는 망(網)의 틈새 사이에 숨어 있는 것이다. 학자들이나 석학들을 잘 아는 사람들은 내가 지금 논하고 있는 그런 마음을 가진 사람들의 예를 쉽게 떠올릴 것이다.

마음으로 어떤 대상을 체계적으로 엮는 것 중에서 가장 훌륭한 것은 '과학'이라 불리는 것이다. 과학이라는 이성적인 체계는 대략 다음과 같이 이뤄진다. 분류를 위해 정해놓은 일련의 칸들 중 하나에 어떤 대상을 집어넣는다. 그리고 원인을 근거로 그 대상을 논리적으로 설명하고, 그것으로부터 가능한 결과들을 추론한다. 이어 그 대상이 하나의 예가 될 수 있는 그런 자연 법칙을 찾아낸다.

이런 식으로 파고들면 여러분은 그 대상을 온갖 가능한 방법으로 알게 될 것이다. 따라서 '과학'은 노동을 아끼는 장치로 최고이다. 과학은 단순히 인접의 법칙에 의한 연상들을 동일시나 유사성, 혹은 유추의 논리적인 연상들로 대체함으로써 엄청나게 많은 세부사항을 기억해야 하는 부담을 덜어준다. 만약에 어떤 '법칙'만 알고 있다면, 여러분은 기억에서 그 법칙의 구체적인 예들의 집단을 제외시켜도 좋을 것이다. 왜냐하면 여러분이 그 예들을 필요로 할 때마다 그 법칙이 그것들을 재생시켜줄 것이기 때문이다.

굴절의 법칙을 예로 들어 보자. 이 법칙만 알고 있으면, 여러분은 연필과 종이를 갖고 볼록렌즈와 오목렌즈 혹은 프리즘이 각각 물체의 외양을 어떤 식으로 변화시키는지 그 이치를 즉시적으로 설명할 것이다. 그러나 만약에 굴절의 법칙이라는 일반 법칙을 모르고 있다면, 여러분은 3가지 종류의 효과를 하나하나 따로 기억해내야만 할 것이다.

모든 것이 이성적으로 설명되고 또 원인과 결과로 서로 연결된 어떤 '철학' 체계는 약간의 수단으로도 풍요한 결과를 낳는 그런 완벽한 기억술이 될 것이다. 그래서 산만한 기억이 빈약한 사람이라면, 철학적인 마음을 배양함으로써 자신의 약점을 보완할 수 있다.

세상에는 인위적인 기억술이 많다. 어떤 것은 널리 알려져 있고, 어떤 것은 은밀하게 전파되고 있다. 기억술은 모두 기억하길 원하는 사실들에 대해 방법론적으로, 상투적으로 사고하도록 훈련시키는 방법이다. 나는 설령 나 자신이 그런 기억술을 잘 알고 있다 하더라도 여기서 그것들을 세세하게 파고들 수는 없다. 그러나 널리 이용되고 있는 예를 하나 제시하는 것만으로도 내가 의미하는 바를 충분히 보여줄 수 있을 것이다.

숫자와 날짜를 기억하는 방법으로 널리 쓰이고 있는 '숫자-알파벳' 기억법을 보도록 하자. 이 기억술에서 각 숫자는 알파벳의 자음을 나타낸다. 이런 식이다. 1은 t 나 d이고, 2는 n이고, 3은 m이고, 4는 r이고, 5는 l이고, 6은 sh나 j, ch, g이고, 7은 c나 k, g, qu이고, 8은 f나 v이고, 9는 b나 p이고, 0은 s나 c, z이다. 이젠 여러분이 소리의 속도, 즉 1초당 1,142피트를 기억하고자 한다고 하자. 그러면 여러분이 이용할 글자는 t, t, r, n이다. 이 글자들은 'tight run'의 자음을 이룰 것이다. 여러분이 1초당 1,142피트의 속도를 따라잡는 것은 'tight run'(힘든 경주)이 될 것이다. 그렇다면 찰스 1세 영국 국왕이 처형된 연도인 1649년은 사형집행인이 휘두르는 날카로운 도끼를 연상시키는

'sharp'라는 단어로 기억할 수 있다.

　이 기억술은 적절한 단어들을 찾아야 하는 큰 어려움을 논외로 하더라도, 날짜를 '생각'해내는 방법으로는 분명히 지나치게 빈약하고 시시하다. 역사학자가 택하는 방법이 훨씬 더 낫다. 역사학자는 마음에 이미 기념비적인 날짜들을 많이 갖고 있다. 사건들의 역사적 연결을 잘 알고 있는 역사학자는 어떤 사건을 기억하고 싶으면 그 사건에 대해 합리적으로 생각하고 그 앞의 사건들과 연결시킴과 동시에 부수적인 사건들과 결과들을 추적하면서 연표 속의 정확한 날짜에 집어넣는다.

　비합리적인 사고 방법을 이용하는 인위적인 기억술은 어떤 체계 속의 첫 번째 기념비적인 것에 한해서만 권할 만하다. 아니면 관념들의 나머지와 전혀 합리적인 연결이 이뤄지지 않는, 정말 별개인 사실을 기억할 때에만 권할 만하다. 따라서 물리학을 공부하는 학생은 백색광 스펙트럼의 색깔의 순서를 각 색깔의 첫 글자를 따서 'vibgyor' (violet, indigo, blue, green, yellow, orange, red)라는 단어로 외운다. 해부학을 배우는 학생은 심장의 왼쪽(Left)에 있는 승모판(僧帽瓣:Mitral valve)의 위치를 L.M.은 찬송가에서 장(長)운율(long meter)을 의미한다는 것을 생각함으로써 외운다.

　이만하면 '벼락치기' 공부가 아주 나쁜 이유를 잘 알게 되었을 것이다. 벼락치기는 시험 직전에 단편적인 내용을 달달 외움으로써 기억에 각인시키는 방법이다. 그러나 그런 식으로 배운 것은 거의 아무런 연상을 형성하지 못한다.

한편, 똑같은 것을 여러 날에 걸쳐서 서로 다른 맥락에서 반복해서 읽고, 암송하고, 거듭 언급하고, 다른 것과 연결시키고 또 그것을 다시 검토하는 경우에 그것은 정신의 구조 안으로 아주 깊이 잘 녹아들게 된다. 이것이 바로 여러분이 학생들에게 지속적으로 응용하는 습관을 들이도록 가르쳐야 하는 이유이다. 벼락치기에 도덕적으로 잘못된 부분은 전혀 없다. 어쩌면 도덕적으로 최고일지도 모른다. 왜냐하면 바라는 결과를 얻을 수만 있다면 가장 경제적인 공부 방식이 벼락치기이기 때문이다. 그러나 벼락치기는 바라는 결과를 절대로 얻지 못한다. 초등학교 고학년 학생이라면 이미 벼락치기가 바라는 성과를 내지 못하는 이유를 잘 알고 있을 것이다.

지금까지 말한 내용을 근거로 한다면, 일반적인 기본적 기능이라는 의미에서 말하는 '기억'을 훈련을 통해 향상시킬 수 있다는 대중의 믿음은 큰 실수이다. 어떤 종류의 사실들에 대한 기억은 같은 종류의 사실들 사이에서 이뤄지는 훈련을 통해 크게 향상될 수 있다. 왜냐하면 그런 경우에 새로 들어오는 사실이 이미 거기에 있던 모든 유추와 연상을 발견할 것이고, 이 유추와 연상들이 그 새로운 사실을 회상 가능하게 해주기 때문이다. 그러나 다른 종류의 사실은 그런 혜택을 전혀 입지 못할 것이며, 그 사람이 이 다른 종류의 사실과 같은 종류의 사실들을 통해서 훈련을 별도로 하지 않을 경우에는 이 다른 종류의 사실은 그 사람의 뇌의 타고난 기억력에 따라 머지않아 사라지게 될 것이다.

앞에서 보았듯이, 사람의 타고난 기억의 양은 실질적으로 거의 고정되어 있는 것이나 마찬가지이다. 그런데도 이런 말이 자주 들린다. "어렸을 때 선생님들이 나에게 큰 잘못을 저질렀어. 어떠한 선생님도 나의 기억력을 훈련시키지 않았으니까. 당시에 선생님들이 학교에서 많은 것을 외우게 했더라면, 지금처럼 읽거나 듣는 즉시 잊어버리는 일은 없었을 텐데." 이 같은 생각은 큰 오해이다. 시를 암송하면, 다른 시를 배우고 기억하는 것은 쉬워지지만 그 외의 다른 것은 절대로 더 쉬워지지 않는다. 날짜도 더 쉽게 기억되지 않고, 화학이나 지리학도 더 쉽게 기억되지 않는다.

그러나 지금까지 내가 말한 내용을 종합한다면, 이 점에 대한 설명이 추가로 필요하지 않을 것이라는 생각이 든다. 그래서 나는 이에 대한 설명을 생략하고 그냥 넘어갈 것이다.

그럼에도 단편적인 정보를 암기하는 공부에 대한 말이 나온 김에, 말로 외우는 공부 방법에 대해 몇 마디 언급하는 것은 이 맥락에서 크게 벗어나지 않을 것 같다. 말로 외우는 옛날 스타일의 암기법이 과도하게 행해지고 있고, 또 실물 교수법의 즉각적인 혜택이 두드러짐에 따라, 교수법 관련 이론을 세우는 사람들이 암기식 공부법에 터무니없이 강하게 반발하고 있는 것이 아닌가 하는 기분이 든다. 그 결과 암기식 공부법이 지금 지나치게 경시되고 있는 것 같다. 왜냐하면 모든 사항을 고려할 경우에 그래도 언어로 된 자료가 대체로 사고에 가장 유용하고 가장 편리한 자료라는 사실은 그대로 진실이기 때문이다.

추상적인 개념들이 사고의 도구로 가장 경제적인 도구인데, 이 개념들은 어쨌든 단어로 정리되고 구체화된다. 통계적으로 보면, 사람은 인생을 오래 살수록 시각적 이미지를 덜 이용하고, 단어들을 더 많이 이용하는 경향을 보인다. 프랜시스 골턴(Francis Galton)이 영국 왕립 학회 회원들에게 기억된 이미지에 관한 질문을 던진 결과 가장 먼저 발견한 것들 중 하나가 그들 사이에 그런 경향이 보인다는 점이다.

그러므로 나는 언어를 이용한 암기법을 지속적으로 활용하는 것을 모든 건전한 교육에서 빼놓을 수 없는 요소로 꼽지 않을 수 없다. 유명한 사람이 남긴 말이나 일화, 예 같은 것을 어렴풋이 떠올릴 뿐 정확히 기억해내지 못하는 흐리멍덩한 마음보다 더 안타까운 것은 세상에 없다. 그런 한편, 이야기를 전하면서 작품 속의 대화 내용을 정확히 그대로 살려내거나 인용을 정확히 전할 수 있는 그런 유능한 마음보다 더 편리한 것도 없고 더 유쾌한 것도 없다. 이는 그런 마음을 가진 본인뿐만 아니라 주변 동료들에게도 해당하는 말이다. 모든 공부 분야에는 그 분야의 결과들을 아주 멋지게 정리해놓은 공식들이 있다. 그런 공식들을 간직할 수 있는 마음은 탁월한 마음에 속하고, 선생님이 가장 좋아하는 일은 그 공식들을 학생들에게 전달하는 것이 되어야 한다.

그러나 암기로 배우는 방법 중에도 효과적인 것이 있고 비효과적인 것이 있다. 선생님은 학생이 가장 효과적인 방법을 잘 익히도록 함으로써 학생을 자극함과 동시에 선생님의 임무를 완수할 수 있어야 한다. 최선의 방법은 물론 문장을 단순히 반복함으로써 머리에 주입하는 것이 아니고 문장을 분석하고 생각하게 하는 것이다. 예를 들어, 만약에 학생이 앞의 문장을 배워야 한다면, 먼저 학생이 그 문장의 문법적 핵심을 찾아내서 익힐 수 있도록 해 주라. 먼저 "최선의 방법은 주입하는 것이 아니고 분석하게 하는 것이다."라는 식으로 압축하면 된다. 그런 다음에 다른 문법적 요소들을 하나씩 추가하면서 친절하게 설명해주라. 그렇게 하면 기계적인 방법으로 접근하는 것보다 이해도 빠르고, 기억도 빨라질 것이다.

마지막으로 나는 실험 심리학자들이 최근 기억에 관한 지식에 기여한 바에 대해 언급해야 한다. 아이를 대상으로 한 과학적 연구에 열정을 쏟는 많은 전문가들은 아이들의 기본적인 기능들을 정확히 측정하고 있다. 그 기능들 중에서 '즉시적 기억'은 쉽게 측정된다. 이때 선생님이 해야 하는 것이라곤 아이에게 일련의 글자와 음절, 숫자, 이름 등을 1, 2, 3초의 시간적 간격을 두고 제시한 다음에 즉시 혹은 10초, 20초 또는 60초의 간격을 두고 그것을 그대로 반복하는지를 확인하는 것뿐이다. 학생은 이 검사의 결과에 따라 기억 능력을 평가받을 것이다. 일부 전문가들은 이런 식으로 파악한 아이의 기능의 강점 혹은 약점에 따라 선생님이 아이를 다루는 방법도 달리해야 한다고 주장한다.

이 대목에서 나는 주의에 대해 논할 때 말한 내용을 다시 반복하지 않을 수 없다. 인간은 정신의 전체 작용과 동떨어진 상태에서 정신의 어느 한 기능만을 측정해 전반적인 능력을 밝히기에는 너무나 복잡한 존재라고 한 부분 말이다. 서로 일관성도 없고, 진부한 대상들을 다루고, 서로 논리적 연결도 없으며, '테스트' 외에는 어떠한 실용적 의미도 갖지 않는 이런 테스트는 실제 생활에서는 거의 아무런 의미를 지니지 못한다.

현실을 보면, 우리의 기억은 언제나 어떤 관심에 이바지하는 쪽으로 이용되고 있다. 이를테면 사람들은 자신이 좋아하거나 좋아하는 것과 연결된 것을 기억한다. 앞에서 말한 검사에서 기억 관련 능력이 크게 떨어지는 것으로 나온 아이도 실은 자신이 좋아하는 과목에 관한 것이거나 아이의 실제 경험과 관련 있는 것이 검사 대상으로 나왔다면 아주 탁월한 기억력의 소유자로 확인될 수도 있다. 이런 아이는 아마 '과학적으로 정확한' 아이들의 명단 맨 위를 차지하고 있을 앵무새 같은 아이들보다 학교 과제를 더 잘할 수도 있을 것이다.

한 인간 존재의 노동생활의 결과를 좌우하는 관심과 열정은 평생 동안 획득되어야 하는 것들이다. 실험실에서 수행될 수 있는 기본적인 측정은 어떠한 것이든 실험 대상의 실질적 능력을 밝혀내지 못한다. 왜냐하면 인간 존재가 가진 결정적인 것들, 말하자면 정서적 및 도덕적 에너지와 끈기 같은 것은 단 한 차례의 실험으로 결코 측정되지 않고 언제나 장기적으로 종합적인 결과를 통해서만 확인할 수 있는 것이기 때문이다.

프랑수아 위베르(François Huber) 같은 맹인도 꿀벌과 개미에 대한 열정으로 다른 사람들의 눈을 빌려 그 대상들을 관찰하면서 다른 많은 사람들이 자신의 눈으로 직접 관찰하는 것보다 더 잘할 수 있었다. 케버노(M. P. Kavanagh)처럼 팔다리 없이 태어난 사람도 모험가가 되고, 마술가(馬術家)가 되고, 스포츠맨이 되고, 야외 활동을 왕성하게 할 수 있었다. 어릴 때 어머니가 그를 냉대했을 게 틀림없을 텐데도 말이다. 실험실 테스트로 그의 운동 기능을 측정했다면 얼마나 형편없이 나왔겠는가.

캐나다 태생의 영국 심리학자 조지 로메인스(George Romanes)는 다수의 사람들에게 글 한 단락을 최대한 빨리 읽게 한 다음에 즉시 그 내용을 적게 하는 방법으로 기본적인 통각률(統覺率)을 연구했다. 그 결과 로메인스는 속도에서 놀라운 차이를 발견했다. 그 단락을 읽는 데 다른 사람들보다 4배나 더 많은 시간이 걸린 사람도 있었다. 가장 빨리 읽는 사람은 대체로 내용을 떠올리는 데도 더 빨랐다. 그러나 그들이 지적 능력이 가장 뛰어난 사람은 아니었다. 이것이 내가 강조하고 싶은 바이다. 로메인스가 '순수한' 지적 활동이라고 부른 행위를 통해 측정한 것은 결코 지적 능력이 아니었다. 왜냐하면 그가 과학과 문학 분야에서 탁월한 인물들을 대상으로도 그 실험을 실시했는데, 그들 중 대부분은 읽는 속도가 느린 것으로 드러났기 때문이다.

이런 모든 사실을 고려할 때, 통찰이 예리한 선생님이 학생의 전반적인 상태로부터, 말하자면 학생의 기질과 태도, 무관심이나 기민함, 학교 공부에 쏟는 노력의 정도 등으로부터 받는 종합적인 인상이 비현실적인 실험 테스트나 피로, 기억, 연상, 주의 등을 측정히는 테스트보다 훨씬 더 소중하다고 말해도 좋을 것이다. 그런데도 교육계에서는 이런 비현실적인 테스트를 거의 강요하다시피 하고 있다.

물론 이런 측정도 유익한 정보를 제공할 수 있다. 그러나 극히 제한적이다. 엉터리 도구를 동원하지 않고, 그러니까 학생의 머릿속을 들여다볼 수 있는 눈과 상식뿐만 아니라 인간 본성의 구체적인 사실들을 느낄 줄 아는 가슴을 가진 선생님이 학생의 전반적인 품행을 직접 관찰한 내용과 결합될 수 있을 때에만, 그 정보도 유익하게 쓰일 수 있다는 뜻이다.

분명히 말하지만, 마음의 기본적인 기능들 중 어떤 것이 좀 부족한 것으로 나오더라도 낙담할 필요가 전혀 없다. 인생에서 중요한 것은 서로 함께 어울려 작용하는 전체 마음이며, 어느 한 기능이 부족하면 나머지 기능들의 노력으로 그 부분을 채울 수 있다. 대상을 보지 못해도 화가가 될 수 있고, 눈이 없어도 독서가가 될 수 있고, 기본적인 기억력이 형편없어도 깊은 지식을 쌓을 수 있다. 거의 모든 주제에서, 그 주제에 대한 열정만 있으면 충분하다.

어떤 결과를 위해 충분히 노력만 한다면, 여러분은 거의 틀림없이 그것을 이룰 수 있을 것이다. 부유해지기를 원한다면, 여러분은 부자가 될 것이다. 선해지기를 원한다면, 여러분은 선해질 것이다. 그러나 조건이 있다. 여러분이 그런 것을 진정으로 원해야 하고 또 그것만을 원해야 한다. 양립 불가능한 다른 것들을 동시에 똑같이 뜨거운 마음으로 원해서는 절대로 안 된다.

심리학에서 최근에 이뤄진 '과학적' 발견 중에서 가장 중요한 발견 하나는 골턴과 다른 전문가들이 상상의 유형도 사람마다 아주 다양하다는 사실을 확인한 것이다. 인간들이 그리는 비주얼 이미지는 그 훌륭함과 완전성, 명확성과 범위 등에서 서로 크게 다르다는 사실은 거의 모든 사람이 잘 알고 있다. 그래도 대다수의 사람들은 비주얼 이미지들에서 완벽한 모습을 보인다. 비주얼 이미지가 존재한다고 말하기 어려울 만큼 초보적인 사람들은 소수에 지나지 않는다. 이는 청각적 이미지와 운동 이미지에도 그대로 적용된다. 아마 다른 종류의 이미지도 마찬가지일 것이다.

최근에 다양한 감각과 관계있는 뇌 부위를 발견한 것은 그런 다양성과 차이를 뒷받침하는 육체적 증거처럼 보인다. 이미 말한 대로, 오늘날엔 그 같은 사실이 너무나 널리 알려져 있기 때문에 나는 여기서 그 사실에 대해 특별히 언급할 필요성을 느끼지 않는다. 그 사실은 얼핏 보면 선생님에게 실용적으로 중요한 것처럼 보일 수 있으며, 실제로 선생님들은 학생들을 그런 식으로 구분해 다루라는 권고를 받았다. 그에 따라 선생님들은 학생에게 이미지에 대해 묻고, 학생 앞에 단어 목록을 제시하고, 학생의 귀에 비슷한 소리들을 들려주고, 학생이 어떤 경로로 단어들을 가장 많이 기억하는지를 확인해야 했다. 그런 다음에 선생님들은 그 학생을 다룰 때 주로 그 경로를 이용했다. 만약에 학급 규모가 매우 작다면, 그런 구분에 따른 결과가 선생님의 노고를 바탕으로 나타날 수 있을 것이다. 그러나 일반 교실에서 학생을 그런 식으로 구분해 다루는 것은 사실상 불가능하다.

이 같은 분석적인 심리학에서 나오는 실용적인 가르침은 선생님은 언제나 감각의 경로들을 최대한 많이 동원해서 학급에 강한 인상을 줄 수 있어야 한다는 점이다. 학생들에게 이야기를 들려주고, 칠판에 글을 적거나 그림을 그리고, 학생들이 이야기를 하게 하거나 쓰게 하거나 그림을 그리게 하고, 계획표나 그래프를 전시하고, 도표의 색을 다양하게 하도록 하라. 그러면 아이들은 이런 다양한 인상들 중에서 자신에게 가장 오래 남는 인상을 발견할 것이다. 초등학교의 모든 수업에서 다양한 인상을 제시하는 것이 중요하다는 원칙이 널리 받아들여지고 있다. 그래서 나는 여기서 그 원칙에 대해 추가로 더 설명할 필요성을 느끼지 않는다.

감각 경로들을 가능한 한 많이 늘리고 연상과 호소를 다양화한다는 이 원칙은 학생이 기억하도록 가르치는 데에만 아니라 학생들이 이해하도록 가르치는 데에도 중요하다. 사실 이 원칙은 학생들을 가르치는 기술 전반에 걸쳐 적용되고 있다.

기억에 대해 논하는 이 장에서, 우리가 습득한 것들 중에서 무의식적이고 재생 불가능한 것들에 대해 잠깐 언급해야 한다.

헤르만 에빙하우스(Hermann Ebbinghaus) 교수는 10여 년 전에 서로 아무 연결이 없는 음절들을 외우는 방법으로 기억의 법칙을 찾는 힘든 연구를 실시하면서 마음의 한 중요한 법칙을 보여줄 망각률을 측정하는 방법을 고안했다. 에빙하우스의 방법은 그 음절의 목록을 막힘없이 암송할 수 있을 때까지 거듭해서 읽는 것이었다. 암송할 수 있을 때까지 반복하는 횟수는 그것을 배우는 데 겪는 어려움을 보여주는 수치였다.

이런 식으로 어느 한 목록을 외우고 나서 5분 후에 다시 외우려 하면, 그 목록을 막힘없이 암송하는 것이 불가능해질 것이다. 이미 기억에서 사라졌거나 다른 것으로 바뀐 일부 음절을 되살려내기 위해 반드시 목록을 다시 읽어야 할 것이다. 에빙하우스는 그 목록을 5분, 30분, 한 시간, 하루, 일주일, 한 달의 간격을 두고 다시 막힘없이 외우기 위해 반복해서 읽어야 하는 횟수를 체계적으로 연구했다. 그는 이 횟수를 그 사이에 일어난 망각의 양을 보여주는 척도로 여겼다.

그 결과 에빙하우스는 놀라운 사실들을 발견했다. 망각의 과정은 시간이 지난 뒤보다 처음에 엄청나게 더 빨랐다. 목록의 반 정도가 30분 안에 망각되는 것 같고, 8시간 후면 목록의 3분의 2가 잊혀졌다. 그러나 한 달 뒤에는 5분의 4만 망각되었다. 에빙하우스는 한 달 이후는 실험 대상으로 삼지 않았다. 그러나 만약에 기억의 곡선을 이론적으로 더 늘린다면, 그 시간적 거리가 아무리 멀더라도 그 곡선이 제로 밑으로는 절대로 내려가지 않을 것이라고 짐작하는 것이 합리적이다. 달리 말하면, 우리가 어떤 시를 아무리 오래 전에 배웠더라도, 그리고 지금 그 시를 암송하는 것이 아무리 불완전할지라도, 처음의 학습은 그 시를 다시 배우는 데 필요한 시간을 여전히 줄여줄 것이다.

요약하면, 에빙하우스 교수의 실험은 우리가 명확하게 기억하지 못하는 것들도 어떤 식으로든 마음의 구조에 영향을 미치고 있다는 점을 보여주고 있다. 우리는 한때 그런 것들을 배웠다는 사실 때문에 옛날과 다른 것이다. 우리의 뇌 경로에 있는 저항도 변화했다. 이해력도 빨라졌다. 어떤 전제로부터 끌어내는 결론도 아마 그런 변화가 없었을 경우와 다를 것이다. 변화의 산물이 명확하게 재생되지 못해서 의식의 장의 초점에 직접 나타나지 않을지라도, 그런 변화는 우리의 의식의 장의 가장자리 전반에 걸쳐 영향을 미치고 있다.

선생님은 이 같은 사실들에서 어떤 가르침을 끌어낼 수 있어야 한다. 우리는 학생들이 암송이나 시험을 통해서 배운 것들을 그대로 재생해내는 것만을 성취로 보는 경향이 있다. 그러면서 학생들이 배운 것들이 지니는 모호한 힘의 가치를 낮춰본다. 우리는 "해답을 알 것 같은데 그걸 말로 표현하지 못하겠어요."라고 대답하는 소년을 해답에 대해 전혀 아무것도 모르는 소년과 동일하게 다룬다. 그러나 이건 중대한 실수이다.

우리가 명확하게 떠올릴 수 있는 것은 우리의 인생 경험에서 아주 작은 일부에 지나지 않는다. 그럼에도 인생의 전체 경험은 인격 형성에 영향을 미치고 또 판단과 행동에도 영향을 미친다. 즉시적인 기억이 그 소유자에게는 큰 축복이긴 하지만, 대부분의 남녀들에겐 어떤 주제에 대한 모호한 기억이나 그 주제를 다뤄봤다는 기억, 그 주제와 가까운 것들에 대한 기억, 그 주제를 다시 들여다볼 수 있는 곳에 대한 기억 등이 교육의 중요한 결실이 된다.

이는 전문적인 교육에서조차도 맞는 말이다. 의사와 변호사도 자신의 환자나 고객과 관련해서 좀처럼 즉시적으로 결정을 내리지 못한다. 의사와 변호사가 다른 사람들과 다른 점은 결정에 필요한 자료를 5분 안에 아니면 30분 안에 확보하는 방법을 안다는 사실밖에 없다. 반면에 평범한 사람은 필요한 자료를 손에 넣지 못한다. 어느 책에서 찾아야 하는지도 모르고, 또 전문적인 용어들을 이해하지도 못하기 때문이다.

그러니 시험에서 나쁜 점수를 받는 학생에게도 인내심을 발휘하며 동정적으로 접근하도록 하자. 인생이 우리에게 제시하는 장기적인 시험에서는 그런 학생이 앵무새처럼 배운 내용을 그대로 반복하는 아이보다 결국에는 더 우수할 수 있다. 그런 학생의 열정이 더 깊고, 목표가 더 가치 있고, 단편적인 정보들을 결합시키는 힘이 덜 진부하고, 따라서 정신의 전반적인 산물이 더 중요할 수 있기 때문이다.

내가 기억이라는 주제로 강의를 하면서 여러분이 주목해 주었으면 하고 바란 것이 바로 그런 사항들이다. 실용적인 목적을 위해 그 사항들을 종합한다면, 기억의 기술은 곧 생각의 기술이라는 말로 요약할 수 있다. 여기에 한마디를 더 덧붙이고 싶다. 새로운 무엇인가가 우리의 마음이나 학생의 마음에 오래도록 간직되기를 원한다면, 그것을 의식적으로 인상 깊게 전해 학생의 마음에 담아두도록 노력할 것이 아니라 그것을 이미 우리의 마음이나 학생의 마음에 담겨 있는 것과 연결시키도록 노력해야 한다. 연결시키는 것은 곧 생각하는 것이다. 만약에 우리가 그 연결에 확실히 신경을 쏟는다면, 그런 식으로 연결된 것은 기억될 가능성이 아주 높아질 것이다.

이제 나는 여러분에게 새로운 지식을 얻는 과정, 즉 '통각'의 과정에 대해 주목해 달라고 부탁할 것이다. 이 과정을 통해서 우리는 새로운 경험을 얻고 다루며, 새롭거나 향상된 개념을 형성하기 위해 관념들이 들어 있는 창고를 뒤질 것이다.

제13강

관념의 습득

우리가 과거에 경험한 것들의 이미지들은 그 본질이 어떻든, 말하자면 시각적이든 언어적이든, 흐릿하고 희미하든, 생생하고 명백하든, 추상적이거나 구체적이든 상관없이 엄격한 의미로 말하는 기억 이미지일 필요는 없다. 말하자면, 과거 경험의 이미지는 당시의 부수적인 상황이 똑같이 전개되는 맥락에서 우리의 마음에 떠오를 필요는 없다는 뜻이다. 여기서 말하는 부수적 상황은 우리에겐 그 경험이 일어난 '날짜'를 의미한다.

　과거 경험의 이미지들은 단순한 개념일 수 있다. 어떤 대상 혹은 그 대상의 유형 혹은 종류를 그린 부동적(浮動的)인 그림일 수 있다는 뜻이다. 이처럼 경험이 일어난 시기가 명확하지 않은 상태일 때, 우리는 그 그림을 '상상' 혹은 '개념'의 산물이라고 부른다. 흔히 상상은 그려진 대상이 개별적인 것으로 여겨질 때 사용하는 용어이다. 개념은 우리가 그 대상에 대해 하나의 유형 혹은 종류로 생각할 때 사용하는 용어이다.

우리의 현재 목적에는 이 구분이 그다지 중요하지 않다. 나는 내면에서 숙고되고 있는 대상을 가리키는 단어로 '개념'이나 이보다 더 모호한 '관념'을 쓸 것이다. '태양'이나 '율리우스 카이사르' 같은 개별적인 것이든, '동물 왕국' 같은 분류든, 아니면 '합리성'이나 '정직' 같은 완전히 추상적인 속성이든 구분하지 않고 같은 단어를 쓸 것이라는 뜻이다.

교육의 결과는 경험이 늘어남에 따라 마음이 그런 관념들로 조금씩 더 많이 채워지는 것으로 나타난다. 내가 첫 장에서 제시한 예를 기억하고 있을 것이다. 장난감을 낚아채려다가 손을 가볍게 맞은 아이 말이다. 이 아이의 경우에 첫 번째 경험의 흔적은 아이가 그 일로 습득한 많은 관념들과 일치했다. 이 관념들은 어떤 순서로 서로 연결된 상태로 아이의 마음에 남았으며, 아이는 이 관념들 중 마지막 관념을 바탕으로 행동을 하게 되었다.

문법과 논리학은 그런 식으로 습득한 관념들을 체계적으로 분류하고 또 관념들 사이의 관계의 법칙들을 추적하는 노력에 지나지 않는다. 관념들 사이의 관계의 형식들은 마음에 의해 파악되기 때문에 보다 높은 추상적 차원의 개념으로 다뤄진다. 명제들 사이의 '삼단논법 관계'나 비율을 이루는 4개의 양(量), 두 개의 개념 사이의 '모순' 혹은 한 개념이 다른 개념과 관련해 지니는 '함의' 등에 대해 이야기할 때가 바로 그런 예이다.

그렇다면 교육의 과정은 크게 보면 관념이나 개념을 습득하는 과정으로 묘사될 수 있다. 따라서 교육이 아주 잘 된 마음은 관념이나 개념을 대단히 많이 저장하고 있으면서 인생의 온갖 비상사태에 대응할 준비가 잘 되어 있는 마음이다. 교육의 결여는 단지 관념이나 개념을 습득하지 못했다는 것을 의미할 뿐이다.

개념을 습득하는 과정은 본능적인 순서를 따른다. 생후 한 살이 되면, 어떤 종류의 개념을 받아들이려는 타고난 경향이 나타난다. 그 외의 다른 종류의 개념을 흡수하려는 경향은 그 뒤에 나타난다. 세상에 태어나고 7년 혹은 8년 동안, 마음은 물질적인 것들의 감각적인 특성에 관심을 가장 많이 쏟는다.

건설성(constructiveness)은 가장 능동적인 본능이다. 망치질과 톱질을 끊임없이 하고, 인형에게 옷을 입혔다 벗기고, 장난감을 조립했다가 해체하면서, 아이는 행동을 조정하는 근육을 훈련시킬 뿐만 아니라 물질세계에 관한 지식의 바탕이 될 물리적 개념들을 축적한다. 실물 교수법과 공작 훈련은 이런 습득의 범위를 크게 넓혀준다. 진흙, 나무, 금속 그리고 다양한 종류의 도구들이 물리적 개념의 습득에 기여하고 있다. 이런 종류의 도구들을 다양하게 갖고 놀면서 자란 청년은 언제나 세상 속에서 편안함을 느낄 것이다. 그는 경계선 안에서 있고, 자연을 잘 알고 있다. 어떤 의미에서 보면 자연도 그를 잘 알고 있다.

반면에 집에서 홀로 성장한 청년은 책밖에 모를 것이기 때문에 삶의 물리적인 사실들로부터 동떨어진 것 같은 기분을 늘 느끼고 불안을 느낀다. 그러면 그는 아주 편안해야 할 이 땅에서 외계인 같은 느낌을 받는다.

나는 이미 앞에서 뭔가 만들려는 충동에 대해 논하면서 이에 대해 설명했다. 그래서 여기서 다시 반복하지 말아야 한다. 게다가 여러분은 사람이 삶의 초기에 물질세계를 잘 알고 친해짐으로써 비상사태에 대처할 준비가 잘 되어 있다는 느낌을 갖는 것이 실용적인 추구와 별도로 도덕적인 삶을 영위하는 데 대단히 중요하다는 사실을 이미 잘 알고 있을 것이다. 농장에서 성장하거나, 목수나 대장장이의 작업장을 들락거리거나, 말이나 소나 보트나 권총을 다뤄보았거나, 그런 대상과 관련 있는 관념과 능력을 갖추는 것은 젊을 때 습득할 수 있는 것들 중에서 아주 소중한 것에 속한다. 청년기가 지나면 이런 원초적인 것을 가까이할 기회가 드물어진다. 본능적인 성향도 사라지고, 습관도 습득하기 어렵게 되는 것이다.

따라서 '아동 연구'의 결실 중에서 가장 소중한 것은 이런 활동을 적절한 시기에 건전한 교육 체계로 담아내려는 노력이다. 성장하는 아이에게 자라면서 자연스럽게 갈망하게 되는 그런 종류의 경험을 할 기회를 주라. 그러면 아이는 성인이 되어 보다 건전한 정신 조직을 발달시킬 것이다. 배움의 경로는 오직 책들과 언어로 전하는 정보뿐이라고 생각하는 사람의 눈에는 그런 활동이 성장기의 시간을 많이 낭비하는 것처럼 보일지라도, 아이들에게 시기에 맞게 활동의 기회를 부여하는 것이 정상이다.

마음이 경험의 추상적인 양상을 받아들일 수 있을 만큼 성숙하려면 청년기까지 기다려야 한다. 청년기가 되어야만 사물들 사이에 숨어 있는 유사성과 차이점, 특히 인과관계를 찾아낼 수 있게 된다. 수학과 기계학, 화학, 생물학 같은 것들에 대한 합리적인 지식도 가능해진다. 이런 분야에서 습득한 개념들이 다음 단계의 교육이 이뤄질 바탕이 되어준다. 청년기가 한참 깊어진 다음에야, 마음은 추상적인 인간관계, 다시 말해 도덕적 관계와 사회학적 관념, 형이상학적 추상 관념에 대한 관심을 체계적으로 키우게 된다.

물론 학교 교실에서도 전통적으로 이 같은 순서를 따르고 있다. 모든 활동의 바탕이 되는 기능들을 일깨우는 순서에 대해 심리학적인 일반 원리를 암시하는 그 이상의 노력은 나의 목적에서 벗어나는 것 같다. 나는 본능들의 일시성(단명)에 대해 언급하면서 이미 그 원리에 대해 말한 바 있다. 새로운 것에 대한 호기심이 예리해지는 시기에 그것을 충족시켜줄 경험을 하지 못한 탓에 일부 분야의 개념을 적절히 축적하지 못한 상태에서 평생을 살아야 하는 청년들이 많듯이,

거꾸로 어떤 주제에 대한 공부를 너무 일찍부터 강제로 해야 했던 탓에 그 주제에 대해 혐오감을 키우다가 그만 망가지는 그런 청년들도 많다. 후자에 속하는 청년들도 그 주제를 적절한 시기에 배웠더라면 흥미를 갖고 제대로 배웠을 터인데 말이다.

훗날 이뤄질 모든 공부에서, 언어로 된 자료가 생각하는 도구의 역할을 할 것이다. 물리학과 사회학의 추상적인 개념들이 현상들의 시각적 또는 다른 이미지들로 구현되는 것은 사실이지만, 반드시 그럴 필요는 없다. 그리고 청년기가 시작된 뒤로도, "언어"는 인간 존재가 배워야 하는 것들 중에서 큰 비중을, 그리고 인생이 더욱 깊어감에 따라 더욱 큰 비중을 차지하게 된다. 자연과학이 단순히 묘사에만 국한하지 않고 인과관계를 파고들고 또 논리적인 한, 이 말은 자연과학에도 그대로 통한다. 그래서 나는 여기서 언어를 이용한 기억법과 관련해 조금 전에 말한 내용으로 돌아간다.

단어들이 정확하게 가르쳐질수록 학생들에게 그 만큼 더 유익할 것이다. 선생님은 학생들이 단어의 뜻을 정확히 이해했는지를 확인하기만 하면 된다. 그런데 이 과정이 제대로 지켜지지 않고 있다. 오늘날 아주 흔한, 앵무새처럼 되풀이하게 하는 교육법에 반대하는 의견이 많이 나오게 된 것도 바로 단어의 뜻을 학생에게 정확히 전달하지 못했기 때문이다.

어떤 학교를 방문한 나의 친구는 지리학 시간에 학급을 평가해 달라는 부탁을 받았다. 그녀는 지리 교과서를 보면서 말했다. "자, 학생 여러분이 땅에 구멍을 뚫는다고 가정해보세요. 30m 깊이의 구멍을 말입니다. 그러면 그 구멍의 밑바닥은 어떨까요? 땅바닥보다 따뜻할까요, 아니면 차가울까요?" 학생 중에서 아무도 대답을 하지 못하자, 선생님이 말했다. "아이들은 틀림없이 답을 알고 있어요. 질문이 적절하지 않았던 것 같아요. 제가 한 번 해 보죠." 그런 다음에 그녀는 교과서를 들고 물었다. "지구의 내부는 어떤 상태지요?" 그러자 학생의 반 정도가 "화성(火成)융합(igneous fusion) 상태입니다."라고 대답했다.

이런 식으로 말로 암송하는 것보다 앞의 실물 교수법이 훨씬 더 낫다. 그럼에도 보다 객관적인 자료와 지적으로 연결시키며 말로 외우게 하는 방법이 언제나 교육에서 주도적인 역할을 해야 한다.

현대의 개혁가들은 주로 학생들의 초기에 대해서만 책을 쓰는 경향을 보이고 있다. 그러다 보니 이 개혁가들은 주로 아이들을 다루는 외적인 문제에 대해 논하고 있다. 그런 한편 나는 인간의 타고난 충동과 실물 교수법과 일화 등에 대해 깊이 파고들면서, 묘사하기 가장 쉬운 길을 따랐다. 그럼에도 어린 시절을 되돌아보면 그 시기에 이미 순수한 지적 호기심과 추상적인 의미를 파악하는 지능이 발아된다는 사실이 확인된다. 실물 교수법은 주로 관련 사실들에 대한 구체적인 개념을 가진 학생들이 보다 추상적인 관념 쪽으로 한 걸음 더 내딛도록 한다.

그러나 교수법에 관한 일부 권위자들의 말을 들으면, 지리학은 학교 운동장이나 인근 언덕에서 시작해 거기서 끝나고, 물리학은 지루하게 무게를 재고 치수를 측정하는 활동을 끊임없이 되풀이하고 있다는 생각이 들 것이다. 그러나 몇 가지 예만 있어도 학생의 상상력을 창조적인 방향으로 발동시킬 수 있다. 그러면 학생의 마음은 보다 일반적이고 추상적인 방향으로 다뤄주길 갈망하게 될 것이다.

나는 자기 아이를 유치원에 데려간 어떤 부인이 "아이가 너무 똑똑해서 그런지 유치원을 한 순간에 다 파악해버리더군요."라고 말하는 소리를 들었다. 아주 많은 아이들이 무엇이든 재미있게 다루려는 부드러운 교육법의 시도를 즉각 간파하고 있다. 추상적인 관념이 적절한 수준으로 제시되기만 하면, 아이들조차도 그런 사고를 즐길 수 있다. 아이들의 마음이 소화할 수 있는 이야기는 어린 톰과 제니에 얽힌 에피소드뿐이라고 생각하는 것은 이성을 추구하려는 아이들의 성향을 아주 얕보는 처사이다.

그러나 다른 곳에서와 마찬가지로 여기서도 그것은 정도(程度)의 문제이다. 결국엔 제대로 효과를 발휘할 수 있는 유일한 수단은 선생님 본인의 재주이다. 추상적인 관념을 가르치는 데 따르는 가장 큰 문제는 학생이 쓰고 있는 용어가 정확히 어떤 의미로 쓰이고 있는지를 파악하는 것이다. 단어들은 전부 건전하게 들릴 수 있지만, 그 의미가 아이만 아는 비밀인 경우도 더러 있다. 이 비밀을 겉으로 드러나게 하기 위해서는 같은 단어들을 다양한 형태로 쓸 수 있어야 한다. 종종 보면 이 비밀이 정말 이상한 비밀인 것으로 확인된다.

나의 친척 한 사람은 어린 딸에게 '수동태'(passive voice)의 의미를 가르치려고 애를 쓰고 있었다. "네가 나를 죽인다고 가정해보렴. 죽이는 행위를 하는 너는 능동의 상태이고, 죽음을 당하는 나는 수동의 상태야." 그러자 아이는 "하지만 엄마가 죽었는데 어떻게 말을 할 수 있지?"라고 말했다. "아, 그렇구나. 그럼 내가 아직 다 죽지 않았다고 가정해보렴." 이튿날 아이는 수업 시간에 수동태를 설명하라는 요구를 받고 "사람이 아직 다 죽지 않은 상태에서 말할 때 나오는 그런 목소리(voice)입니다."라고 대답했다.

이런 경우엔 예를 훨씬 더 다양하게 제시해야 한다. 어릴 때부터 굳게 믿어왔던 어떤 단어의 뜻이 나중에 전혀 다른 뜻인 것으로 확인되는 그런 경험은 누구에게나 다 있을 것이다. 이런 종류의 오해를 예방하는 유일한 길은 다양한 진술을 요구하고, 아이의 생각을 가능한 한 겉으로 드러나게 하여 실질적인 테스트를 거치도록 하는 것이다.

이제 통각이라는 주제로 넘어가도록 하자.

제**14**강

통각

'통각'은 현재 교육학 분야에서 굉장한 인기를 누리고 있는 단어이다. 예를 들어, 어떤 심리학 교과서를 선전하는 광고를 보라. 교육 잡지에 실린 내용이다.

무엇이 통각인가?

통각에 대한 설명을 보고 싶거든, 이제 막 출간된 '교육 시리즈' 중 '블랭크스 사이콜로지'(Blank's PSYCHOLOGY)를 보라.

지각과 통각의 차이는 블랭크스 사이콜로지의 서문에 선생님들을 위해 잘 설명되어 있다.

많은 선생님들이 "교육 심리학에서 말하는 통각의 의미가 무엇인가?"라고 묻고 있다. 그런 선생님들에게 필요한 책이 바로 통각을 처음으로 상세하게 설명한 블랭크스의 사이콜로지이다.

교육 심리학에서 가장 중요한 개념은 통각이다. 선생님은 '블랭크스 사이콜로지'에서 이에 대한 설명을 발견할 것이다. 통각은 지금 독일에서 교육 방법에 일대 혁명을 일으키고 있다. 막 출간된 교육 시리즈의 하나인 블랭크스 사이콜로지에 통각이 설명되고 있다. 블랭크스 사이콜로지는 1달러를 미리 내는 사람에게 우편으로 배달된다.

이런 광고는 엄격히 따지면 관련 당사자 모두에게 창피한 일이다. 이 광고가 반복적으로 강조하고 있는 내용이 바로 내가 이 강의를 처음 시작하면서 잡지 편집인과 발행인들이 심리학을 신비화하고 있기 때문에 선생님들이 힘들어 하고 있다고 말했을 때 염두에 두었던 바이다. 잡지 편집인과 발행인들의 눈에는 통각이 대단한 것처럼 보일지라도, '통각'이라는 단어는 아마 심리학의 신비화에 다른 어떤 요소보다 더 크게 기여하고 있다.

성실한 젊은 선생님은 그런 신비화에 끌려 통각이라는 단어가 심오하고 중대한 어떤 비결을 간직하고 있다고 믿게 된다. 통각이란 것을 모르면 선생님으로서의 전체 경력에 상처를 입을 것처럼 여겨지는 것이다. 그럼에도 그런 책들에 관심을 주며 통각에 관한 내용을 읽어보면, 통각도 아주 시시하고 평범한 문제처럼 보인다. 통각이란 것이 우리가 어떤 대상을 마음 속으로 받아들이는 방법을 뜻하는 것에 지나지 않기 때문이다. 그러면 선생님은 혹시 자신의 지식이 얕아 핵심을 놓치고 있는 것은 아닌가 하고 두려워하게 되고, 그 때문에 그 이후로 자신감의 결여로 힘들어하게 될 것이다. 또 자신이 교사의 임무에 부적절하다는 굴욕감에 시달리게 될 것이다.

지금 통각은 교육학에서 아주 유익한 단어가 되었으며, 모든 선생님이 자주 언급해야 하는 어떤 과정을 가리키는 이름으로 아주 편리하게 쓰이고 있다. 그러나 통각은 엄격히 따지면 어떤 대상을 마음으로 받아들이는 행위에 지나지 않는다. 통각은 심리학에서 특별하거나 기본적인 것과는 거리가 멀며 단지 관념들의 연상이라는 심리적 과정의 수많은 결과들 중 하나에 지나지 않는다. 교육학에서는 통각이라는 단어가 유익하게 쓰이고 있을지 몰라도, 심리학에서는 이 단어가 없어도 아무런 불편이 느껴지지 않는다.

문제의 핵심은 이것이다. 외부에서 우리에게로 들어오는 모든 인상은 귀로 듣는 문장이든 눈으로 보는 대상이든 아니면 코를 찌르는 악취든 우리의 의식에 들어오자마자 이미 그곳에 있던 다른 자료들과 연결되면서 이 방향 혹은 저 방향으로 나아가며 최종적으로 반응을 낳는다. 이때 인상이 이루는 특별한 연결은 우리의 과거 경험과 그 인상이 형성하는 연상에 의해 결정된다.

예를 들어, 여러분이 내가 A, B, C라고 말하는 소리를 듣는다고 가정하자. 그러면 여러분은 십중팔구 그 인상에 대해 내적으로나 외적으로 D, E, F라고 반응할 것이다. 이때 A, B, C라는 인상은 옛날에 연결되었던 것들을 자극한다. 그러면 옛날에 연결되었던 것들이 그 인상을 맞이하러 나간다. 이어 인상은 이 옛것들을 만나고, 마음에 의해서 '알파벳의 첫 부분'으로 받아들여진다. 기억과 관념과 관심 등으로 가득한 마음 속으로 이런 식으로 들어오면서 흡수되는 것이 모든 인상의 피할 수 없는 운명이다.

우리는 이미 교육을 받은 상태이다. 그렇기 때문에 우리가 완선히 모르는 그런 경험은 절대로 있을 수 없다. 경험은 언제나 그것과 질적으로 비슷한 무엇인가를 떠올리게 하거나, 그 전에 그 경험이 일어났을 당시의 상황을 떠올리게 하거나, 지금 어떤 식으로든 암시하고 있는 무엇인가를 떠올리게 하게 되어 있다. 마음이 제공하는 이런 정신적 에스코트는 당연히 마음이 가진 관념들의 창고에서 나온다.

우리는 그 인상을 명확히 인지한다. 이어서 인상은 이미 습득된 우리의 가능성들에 따라서 관념들로 처리된다. 이런 식으로 대상을 받아들이는 길이 바로 통각의 과정이다. 대상을 만나고 동화시키는 기존의 개념들은 헤르바르트에 의해 '통각 집단'(apperceiving mass)으로 불리고 있다. 통각된 인상은 이 통각 집단에 삼켜지고, 그 결과 의식의 새로운 장(場)이 생긴다. 이 장 중 일부(종종 매우 작다)는 외부 세계에서 오고, 또 다른 일부(간혹 아주 크다)는 마음이 이미 갖고 있던 내용물에서 온다.

이제 여러분은 내가 조금 전에 말한 바와 같이 통각 과정이 관념들의 연상의 한 결과라는 점을 충분히 이해했을 것이다. 이 산물은 일종의 새로운 것과 오래된 것의 융합이며, 이 융합 안에서 두 요소를 구분하는 것은 종종 불가능하다.

예를 들어 보자. 여러분이 어떤 사람이 말하는 것을 듣고 있거나 인쇄물을 읽고 있다. 그때 여러분이 보거나 듣고 있다고 생각하는 것들 중 많은 것은 우리의 기억에서 나온다. 우리는 오자를 보면서도 정확한 글자를 상상하며 그걸 무시한다. 연설을 듣고 있을 때에도 실제로 듣는 내용은 아주 적다.

외국의 극장을 갈 때에도 똑같은 현상이 나타난다. 외국 영화의 경우엔 우리를 힘들게 만드는 것은 배우가 말하는 내용을 알아듣지 못한다는 점보다는 배우의 말을 듣지 못한다는 점이다. 이때 진실은 이렇다. 자국어로 된 영화를 볼 때에도 외국 영화를 볼 때 듣는 대화 그 이상을 듣지 않을 수 있다. 그러나 자국어로 된 영화를 볼 때에는, 여러분의 마음에 이미 들어 있는 연상들이 훨씬 적은 청각적 힌트만으로도 이해를 할 수 있을 만큼 필요한 자료를 많이 제시하기 때문에 영화가 쉽게 이해된다.

마음의 모든 통각적 작용에서, 어떤 일반적인 법칙이 하나 나온다. 경제의 법칙이다. 새로운 경험을 받아들이면서, 우리는 본능적으로 기존의 관념 창고를 가능한 한 덜 흔들어놓으려 든다. 우리는 새로운 경험에다가 언제나 이미 알고 있는 것과 동화시키는 방향으로 이름을 붙이려고 노력한다. 우리는 완전히 새로운 것을 싫어하고, 이름이 없는 모든 것을 싫어한다. 이름이 없는 것이면 반드시 이름을 붙여주려 한다. 그러면서 우리는 가장 가까운 이름을, 부적절할 때조차도 그런 가까운 이름을 붙인다.

눈을 처음 보는 아이라면 아마 설탕이나 흰색 버터파이라고 부를 것이다. 또 배의 돛을 처음 보고는 커튼이라고, 계란을 처음 보고는 귀여운 감자나 오렌지나 공이라고, 접이식 병따개를 처음 보고는 고장 난 가위라고 부를 것이다. 19세기 초반 독일에서 발견된 정체불명의 고아 카스파어 하우저(Caspar Hauser)는 처음 보는 거위를 말이라고 불렀고, 폴리네시아 사람들은 쿡 선장의 말을 돼지라고 불렀다. 토머스 루퍼(Thomas Rooper)는 통각에 관한 책의 제목을 『초록 깃털 항아리』(A Pot of Green Feathers)라고 붙였는데, 고사리를 한 번도 보지 못한 아이가 고사리가 담긴 항아리를 보고 그렇게 부른 데서 비롯된 제목이다.

인생 후반에 이르면, 이처럼 옛것을 건드리지 않고 가만두려는 경제적 경향이 '고리타분한 고집쟁이'를 낳는다. 그렇게 되면 기존의 신념 체계를 크게 뒤흔들어 놓을 새로운 사상이나 사실은 기존의 신념 체계와 조화를 이루도록 재해석될 수 없는 한에는 마음에서 무시되거나 배척당하게 된다.

우리 모두에겐 다음과 비슷한 경험이 있을 것이다. 중년의 사람과 열띤 논쟁을 벌인 끝에 이성으로 상대방을 압도하면서 우리의 주장을 받아들이도록 하고 나서 1주일 뒤에 다시 만났는데, 마치 그 사람이 둘 사이에 아무런 대화가 없었던 듯 다시 옛날로 돌아가 꼬장꼬장한 주장을 펴는 것을 보고는 황당하다고 생각한 적이 있을 것이다. 그런 사람들을 우리는 속된 표현으로 '고리타분한 고집쟁이'라고 부른다. 그런데 아주 젊은 고집쟁이도 있다. 고리타분한 고집은 생각보다 훨씬 더 젊은 나이에 시작한다. 말하기가 좀 뭣 하지만, 인간들 중 과반이 스물다섯 살 쯤에 고리타분한 고집을 보이기 시작한다고 나는 믿는다.

일부 책들을 보면, 다양한 형식의 통각이 정리되어 있는 것이 확인된다. 또 통각의 종류가 교육자의 입맛에 딱 맞게 표로 깔끔하게 정리되어 있다. 내가 읽은 어느 책에는 통각의 유형이 16가지나 제시된 것으로 기억된다. 연상적 통각, 포용적 통각, 동화적 통각 등이 포함되어 있었다. 이것은 늘 심리학을 괴롭히는 엉토리 공식화를 보여주는 한 예에 불과하다. '선생님들이 활용할 수 있도록 쉽게 풀어 놓는다'는 명분으로 이런 부자연스런 공식화가 끊임없이 이어지고 있다. 이렇듯, 언제나 유동적이게 마련인 정신의 삶이 암송이 주를 이루는 교실에서 가르쳐져야 한다는 미명하에 작은 부분들로 분류되고 또 고대 그리스어나 라틴어 이름을 갖는 '과정'으로 쪼개지고 있다. 실제로 보면 마음에 그런 구분이 전혀 이뤄지지 않는데도 말이다.

통각의 다양한 유형을 구분하겠다면, 1,600가지 유형이 아니고 굳이 16가지 유형에서 그쳐야 할 이유가 있을까? 그런 식으로 통각의 유형을 따지자면, 그 유형은 어떤 사람의 마음이 자신에게 들어오는 경험에 반응할 수 있는 가능성의 숫자만큼이나 많을 것이다.

얼마 전에 실제로 있었던 에피소드를 들려주고 싶다. 나는 뉴욕 주 버팔로에 사는 어느 부인의 초대를 받았다. 이 부인이 들려준 이야기이다.

이 부인은 2주 전에 일곱 살 난 아들을 처음으로 나이아가라 폭포로 데리고 갔다. 아이는 나이아가라 폭포의 장관을 말없이 응시하고 있었다. 그 모습을 지켜보고 있던 부인은 아들이 폭포의 웅장함 앞에서 말을 잊었을 것이라고 짐작하면서 "애야, 나이아가라 폭포 어떻니?"라고 물었다. 이 물음에 대한 아이의 대답은 "코 막힐 때 뿌리는 스프레이 같지 않아요?"라는 것이었다. 그것이 소년이 나이아가라의 장관을 통각하는 유형이었다. 이것을 놓고 하나의 특별한 유형이라고 부를 수도 있다. 원한다면 '우울증 치료 유형의 통각'이라는 식으로 이름을 붙여도 아무도 뭐라고 하지 않는다. 그런 이름을 붙인다해도, 여러분은 그 책들의 일부 저자들보다 결코 더 시시하거나 인위적이라는 비난을 듣지 않을 것이다.

페레스(M. Perez)는 유년기에 관한 책 중 하나에서 인생의 다양한 시기에 일어날 수 있는 똑같은 현상에 대한 통각의 유형이 다양하다는 점을 보여주는 예를 하나 제시하고 있다. 그 예를 보도록 하자.

어느 집에 불이 났다. 그 집에 살던 가족 중에서 유아는 집 밖으로 피한 유모의 팔에 안겨 불길을 바라보면서 불꽃의 찬란함에 탄성을 질렀다. 그러나 소방차의 경적이 가까워지자, 아이는 그 소리에 놀라 공포의 발작을 보였다. 여러분도 잘 알다시피, 이상한 소리는 아이들에게 대단히 놀라운 소리로 들린다. 그런데 이 아이의 부모는 불타고 있는 집과 소방차의 경적에 대해 아이와 정반대의 반응을 보였을 것임에 틀림없다.

똑같은 사람도 사고의 방향이나 정서적 기분에 따라 똑같은 인상을 크게 다르게 통각할 것이다. 어떤 일의 어느 한 측면으로 치우친 의료 전문가나 공학 전문가는 그 일의 다른 측면으로 치우쳤을 때와 똑같이 사실들을 통각하지 않을 것이다.

사람들이 어떤 사실에 대한 해석을 놓고 심한 의견 차이를 보일 때, 대체로 보면 그 사람들에겐 통각의 기준이 될 분류 항목이 극히 적다. 왜냐하면 일반적으로 그런 언쟁이 벌어진다는 사실은 경쟁적인 해석 중 어느 것도 완벽하지 않다는 점을 보여주기 때문이다. 양측은 그 문제를 가장 가깝거나 가장 덜 불온한 개념 아래로 분류하면서 추정을 바탕으로 다룬다. 그러나 그때 관념들의 창고를 확장하거나 그 현상을 위해 새로운 타이틀을 발명해내는 것이 틀림없이 훨씬 더 바람직할 것이다.

한 예로, 생물학에서 단세포 유기체가 동물이냐 식물이냐 하는 문제를 놓고 끊임없이 논란이 제기되었다. 그러다 마침내 독일 생물학자 에른스트 헤켈(Ernst Haeckel)이 원생동물이라는 통각적인 새로운 이름을 소개함으로써 그 논쟁에 종지부를 찍었다.

법원을 예로 들면, 온전한 정신과 광기 사이의 중간치는 전혀 허용되지 않는다. 온전한 정신을 가진 사람이라면 처벌을 받을 것이고, 광기가 있는 사람이라면 처벌을 면할 것이다. 또 자신이 다루는 문제에 대해 상반된 관점을 취하는 전문가를 발견하는 것은 무척 어려운 일일 것이다.

반면에 자연은 우리의 의사들보다 훨씬 더 민감하다. 하나의 방이 절대적으로 어둡거나 밝지 않으면서도 시계 수리공이 이용하기에는 어두울 수 있지만 식사를 하거나 놀기에는 적당할 만큼 밝을 수 있듯이, 사람의 정신도 어떤 목적에는 온전할 수 있지만 금전적인 문제를 돌보지 못할 만큼 온전하지 못할 수도 있다. 찰스 기토(Charles Guiteau: 미국 제20대 대통령 제임스 가필드(James Garfield)를 암살한 인물/옮긴이)의 재판이 벌어졌을 때 널리 쓰이게 된 '괴짜'(crank)라는 단어는 중간치가 필요한 결과 나온 것이다. 외래어인 'déséquilibré'(평형을 잃은 사람), 'hereditary degeneration'(선천성 변질자(變質者)), 'psychopathic'(정신이 착락된) 등은 이와 똑같은 필요에 의해 쓰이게 되었다.

　과학의 전체 과정은 다음과 같이 전개된다. 기존 개념들의 창고에 있는 항목으로 억지로 쑤셔 넣듯 강압적으로 분류된 어떤 현상이 있다. 그런데 이 현상에서 새로운 양상이 발견되었다. 그러면 이 양상을 가리키는 전문적인 이름이 만들어져야 한다. 이런 식으로 과학은 계속된다. 이렇듯 과학은 새로 발견된 사실에 붙일 이름을 만드는 것으로 점철되어 있다. 따라서 세월이 흐름에 따라, 관념들의 창고도 더욱 커질 것이고 당연히 우리의 어휘도 더욱 풍성해질 것이다.

　새로운 것과 낡은 것 사이에 이런 식으로 상호 작용이 점진적으로 이뤄지는 과정에, 새로운 것만이 낡은 것에 의해 변형되고 규정되는 것은 아니다. 낡은 것 자체도 동화되고 있는 새로운 것에 의해 변형된다. 따라서 사각형 테이블밖에 없는 집에서 성장한 아이에겐 '테이블'은 기본적으로 사각형을 의미하게 된다. 그러나 이 아이가 둥근 테이블을 테이블이라고 부르고 있는 어떤 집으로 가게 된다면, 아이가 통각하는 테이블이라는 개념은 그 즉시 보다 넓은 내용을 얻게 될 것이다.

　이런 식으로 우리의 개념은 한때 근본적인 것으로 여겨졌던 성격들을 끊임없이 버리고 또 동시에 한때 용인할 수 없었던 다른 성격들을 끊임없이 얻고 있다. '동물'의 개념이 돌고래와 고래로까지 확장되고, '유기체'의 개념이 사회로까지 확장된 것이 내가 뜻하는 바를 잘 보여주는 예들이다.

그러나 우리의 개념이 적절하든 부적절하든, 또 개념의 창고가 크든 작든, 우리가 이용해야 할 것은 그것이 전부이다. 만약에 교육을 받은 사람이 내가 앞에서 말한 바와 같이 조직화된 행동 경향들의 다발이나 다름없다면, 그 사람의 행동을 촉발시키는 것은 언제나 그 사람이 현실의 비상사태를 명명하고 분류하는 방식이다. 따라서 관념의 창고가 적절할수록, 그 사람은 더욱 '유능하고' 또 그의 행동은 더욱 일관될 것이다.

다음 장에서 의지를 다룰 때, 모든 결정에 근본적인 조건은 제안된 행동의 대안들을 분류할 적절한 이름을 발견하는 것이라는 사실이 확인될 것이다. 이름들을 많이 갖지 않은 사람은 숙고자로서 능력이 떨어지는 사람이다. 저마다 하나의 개념 혹은 관념을 뜻하는 이름들은 우리의 문제를 다루고 우리의 딜레마를 해결하는 도구들이다.

이 문제에 대해 생각할 때, 우리는 한 가지 중요한 사실을 망각하기 쉽다. 그것은 대부분의 인간 존재의 내면에서 이름과 개념의 창고는 대부분 사춘기와 성인 생활 초반에 채워진다는 사실이다. 내가 조금 전에 대부분의 사람들은 스물다섯 살에 고리타분한 고집쟁이가 되기 시작한다고 말했을 때, 아마 여러분은 약간의 충격을 받았을 것이다.

성인이 중년이 될 때까지 세부적인 지식을 많이 얻고 또 자신의 직업이나 사업과 관련 있는 개인적인 예들을 계속 알게 되는 것은 사실이다. 이런 측면에서 본다면, 그 사람의 개념은 상당히 오랫동안 증가한다. 왜냐하면 그 사람의 지식이 더욱 넓어지고 세밀해지기 때문이다. 그러나 보다 큰 카테고리의 개념과 사물의 종류들, 사물들 사이의 보다 넓은 범위의 관계 등은 비교적 젊은 나이에 알게 되는 것들이다.

스물다섯 살이 지나서도 과학의 새로운 원리를 잘 알고 있는 사람은 무척 드물다. 만약에 대학에서 경제학을 공부하지 않았다면, 여러분은 평생 동안 거의 틀림없이 경제학의 주요 개념을 모른 채 살게 될 것이다. 생물학도 마찬가지이고, 전기도 마찬가지이다. 지금 쉰을 넘긴 사람 중에서 발전기나 전차의 작동 원리에 대해 알고 있는 사람이 과연 얼마나 될까? 틀림없이, 아주 작은 수에 그칠 것이다. 그러나 대학생들은 이런 개념들을 전부 알고 있다.

젊었을 때 우리 모두는 자신의 잠재력이 무한하다는 느낌을 갖는다. 그래서 젊은이들이 읽고 싶은 책을 적은 리스트를 보면 아주 길다. 지금 우리가 모르고 있는 것들도 그 당시에는 조금만 짬을 내서 노력하면 쉽게 알 수 있을 것처럼 여겨졌다. 그런 좋은 의도도 실천하기가 참으로 어렵다. 어쩌면 서른 이전에 습득한 개념들이 우리가 아는 전부일 수 있다. 글래드스톤처럼 지속적으로 자신을 젊게 혁신하는 예외적인 인물들은 그들이 불러일으키는 경탄에 의해서 오히려 앞에 말한 규칙의 보편성을 입증하고 있다. 선생님이 개념들을 어떤 식으로 학생들에게 전달하느냐에 따라 학생의 미래 삶이 좌우된다는 사실은 선생님이라는 직업을 숭고하게 받아들일 것을 요구함과 동시에 선생님이 자신의 임무에 대해 중요하게 여기는 것은 너무나 당연하다는 점을 뒷받침한다.

제15강

의지

정신 활동은 자연히 외적 행동으로 마무리된다. 그렇기 때문에 심리학에서 마지막 장은 의지에 관한 장이 되어야 한다. 그러나 '의지'라는 단어는 넓은 의미로도 쓰이고 좁은 의미로도 쓰인다. 넓은 의미로 쓰이는 경우에 의지는 충동적인 삶과 능동적인 삶을 영위하는 모든 능력을 의미한다. 그렇다면 넓은 의미의 의지에는 본능적인 반응과 거듭된 반복을 통해서 반(半)무의식이고 자동적이게 된 행동도 포함된다. 좁은 의미로 쓰이는 경우에 의지의 행위는 주의를 기울이지 않고는 수행될 수 없는 행위만을 의미한다. 이런 경우엔 행위가 이뤄지기 전에 그 행위가 어떤 것일지에 대한 생각이 사전에 이뤄지고 아울러 마음이 그렇게 행해도 좋다고 허락을 하게 된다.

그런 행동에는 특징적으로 머뭇거림이 나타나고, 결심의 감정이 수반된다. 앞에서 나는 인간의 충동적인 경향들에 대해 아주 많은 이

야기를 했다. 그래서 여기서는 좁은 의미의 의지에 대해서만 논할 것
이다.

초기의 심리학자들은 인간의 모든 행동을 의지라 불리는 특별한
기능 때문에 일어나는 것으로 보았다. 말하자면 의지의 명령이 없으
면 행동이 일어나지 못하는 것으로 해석되었다. 생각과 인상은 원래
움직이지 않는 것이기 때문에 의지라는 상위 동인(動因)의 매개를
통해서만 행동을 낳을 수 있다고 여겨졌던 것이다. 말하자면 생각과
인상이 의지의 옷자락을 잡아당길 때까지는 어떠한 외부 행동도 일
어날 수 없다는 해석이었다.

이 원칙은 반사행동이라는 현상의 발견에 의해 오래 전에 깨어졌
다. 여러분도 잘 알다시피, 반사행동의 경우에는 지각 가능한 인상이
저절로 운동을 낳는다. 이 원칙은 그보다 훨씬 더 오래 전에 이미 깨
어진 것으로 여겨졌을 수도 있다.

사실은 이렇다. 감각이든 느낌이든 아니면 생각이든, 직접적으로
또 저절로 어떤 운동 효과를 일으키지 않는 그런 의식은 절대로 없
다. 또 운동 효과는 언제나 밖으로 두드러지게 나타나는 행동이어야
할 필요도 없다. 심장 박동이나 호흡의 변화, 혹은 얼굴이 붉어지든
가 창백해지는 등의 혈액 공급의 변화 혹은 눈물의 분비 등이 운동
효과가 될 수도 있다. 그러나 어떤 경우든 의식이 작용하고 있을 때
에는 반드시 그 의식은 어떤 형태로 나타나게 되어 있다. 현대 심리

학에서 다른 어떤 것보다 더 근본적인 것으로 통하는 한 가지 믿음은 어떠한 종류의 것이든 의식의 과정은 반드시 공개적이거나 숨겨진 행동으로 넘어가게 되어 있다는 믿음이다.

이런 경향을 보여주는 가장 간단한 예는 오직 한 가지 생각에만 사로잡혀 있는 마음이다. 만약에 그 생각이 어떤 타고난 충동과 연결되어 있는 대상에 관한 것이라면, 그 충동은 즉시 방출될 것이다. 만약에 그 생각이 어떤 운동에 관한 것이라면, 그 운동이 일어날 것이다. 단 한 가지 생각에서 비롯된 그런 행동의 예는 '관념운동'(ideo-motor) 행동이라 불리는 보다 복잡한 예들과는 크게 다르다. 관념운동 행동은 특별한 결정이나 노력 없이 일어나는 행동을 의미한다. 우리가 훈련을 한 결과 나타나게 된 습관적인 행동의 대부분은 이 관념운동 행동이다.

예를 들어보자. 문이 열려 있다는 사실을 지각하게 되면, 그 순간에 우리는 일어나서 문을 닫는다. 또 우리 앞에 놓인 접시에 건포도가 든 것이 보이면, 우리는 손을 뻗어 건포도 한두 알을 집어서 입 안에 넣으면서도 대화를 전혀 방해하지 않을 수 있다. 아니면 침대에 누워 뒤척이고 있는데 불현듯 아침식사 시간에 늦겠다는 생각이 드는 순간 특별한 노력이나 결심을 하지 않아도 벌떡 몸을 일으키게 된다. 이런 식으로 각인된 절차들이 우리의 인생을 부드럽게 앞으로 나아가게 한다.

각인된 절차의 예를 든다면, 태도와 관습, 옷을 입고 벗는 행위, 인사 행위 등이 있다. 반자동적인 이런 행동들은 막힘도 없고 또 효과적으로 수행되고 있다. 이런 행동들이 일어나는 경우에는 의식의 장 중에서도 가장 바깥에 있는 부분만이 행동에 신경을 쓰는 것 같다. 그 사이에 의식의 초점은 이와 아주 다른 일에 관심을 두고 있을 것이다.

그러나 여기서 보다 복잡한 예를 보도록 하자. 두 가지 생각이 마음속에 함께 자리 잡고 있다고 가정해보자. 그 중 하나인 A라는 생각은 어떤 행동을 일으키려 할 것이다. 그런데 또 다른 생각인 B는 A가 의도하는 행동과 다른 종류의 행동을 제안한다. 이런 경우에 사람은 어떤 행동을 앞두고 머뭇거리게 된다. 그러면 심리학자들은 두 번째 생각 B가 첫 번째 생각 A의 운동효과를 정지시키거나 억제시키고 있다고 말한다. 그렇다면 이 구체적인 예를 보다 명확하게 밝히기 위해선 '억제'에 관한 설명이 어느 정도 필요하다.

생리학의 발견 중에서 가장 흥미로운 것은 50년 전에 프랑스와 독일에서 동시에 이뤄진 어떤 한 발견이다. 즉 신경 전류가 근육이 행동을 하도록 자극할 뿐만 아니라 이미 진행 중인 행동을 저지하거나 그 행동이 일어나지 않도록 막기도 한다는 사실이 확인된 것이다. 따라서 억제 신경이 운동 신경과 나란히 존재한다는 것이 드러났다. 예를 들어 보자. 미주 신경(迷走神經)은 자극을 받게 되면 심장의 움직임을 멎게 하고, 내장 신경(內臟神經)은 이미 시작된 장기의 운동을 멎게 한다.

그러나 곧 이런 견해는 문제를 보는 관점으로는 지나치게 좁은 것처럼 보였다. 정지는 그런 신경만이 가진 특별한 기능이 아니고 신경계의 어느 부분이라도 적절한 조건이 갖춰지기만 하면 신경계의 다른 부분에 행사할 수 있는 일반적인 기능인 것처럼 보였다. 예를 들어, 고차원의 센터들은 그 아래에 있는 센터들의 흥분에 억제적인 영향을 지속적으로 행사하는 것 같다.

뇌반구를 전부 또는 부분적으로 제거한 동물의 경우에 반사행동이 과도하게 나타난다. 정상적인 개의 옆구리를 긁어보라. 그러면 그 개의 뒷다리가 허공에다가 긁는 동작을 할 것이다. 뇌반구를 절단한 개들의 경우에는 이처럼 긁는 데 대한 반사행위가 끊임없이 일어난다. 골츠(Friedrich Goltz)가 개의 반사행위를 처음 묘사할 때 쓴 표현을 빌리면, 개의 옆구리 털이 다 빠질 정도였다고 한다. 백치들의 경우에 뇌반구들의 기능이 대개 작동하지 않는다. 그래서 저차원적인 충동도 정상적인 사람의 경우와 달리 억제되지 않고 아주 분명하게 표현된다.

여러분은 또한 고차원의 감정적 경향이 저차원의 감정적 경향을 어떤 식으로 억누르는지를 잘 알고 있다. 공포는 식욕을 정지시키고, 어머니의 사랑은 공포를 누른다. 존경심은 관능을 억제한다. 보다 도덕적인 삶을 추구하는 과정에 이상적인 어떤 감정이 갑자기 강해지는 경우가 있다. 그런 경우에는 동기들의 가치를 재는 저울이 균형점 자체를 이동시키는 것이나 마찬가지이다. 그러면 옛날에 유혹을 일으켰던 것들의 힘이 사라지고, 조금 전에 불가능했던 것이 지금은 가능해질 뿐만 아니라 옛것들에 대한 억제 때문에 쉬워지기도 한다. 이런 현상은 '고차원의 정서가 지닌 구축력(驅逐力)'(expulsive power of the higher emotion)이라 불려왔다.

이 억제 개념을 우리의 관념 작용에 적용하는 것은 어렵지 않다. 예를 들어 내가 침대에 누워 있다고 가정해보자. 이제 일어날 시간이라는 생각이 든다. 그러나 일어나야 한다는 생각과 함께 바깥이 아주 추울 텐데 침대는 너무 따스하다는 생각도 있다. 이런 상황에서 첫 번째 생각의 운동 효과가 차단당하고 있다. 아마 나는 일종의 교착 상태에 빠진 것처럼 두 가지 생각 사이를 오가면서 반시간 이상 침대에서 미적거릴 것이다. 이것을 우리는 망설임 혹은 궁리의 상태라고 부른다. 이런 경우에 궁리는 다음 중 어느 한 쪽으로 해결되며 결정에 이르게 될 것이다.

1) 어느 한 순간 잠시 바깥 기온이 차다는 사실을 잊고, 그 결과 일어나야 한다는 생각이 즉시 행동으로 바뀔 수 있다. 그러면 나는 나 자신이 갑자기 잠자리에서 일어났다는 사실을 깨닫게 될 것이다.

2) 아니면 여전히 바깥의 차가운 날씨에 신경을 쓰는 가운데, 일어

나야 한다는 의무에 대한 생각이 아주 예리해지면서 억제에도 불

구하고 행동을 일으킬 수 있다.

후자의 경우에 나는 도덕적으로 크게 노력했다는 느낌을 받으며 도덕적인 행위를 했다고 생각하게 된다.

망설임과 궁리 끝에 선택에 의해 이뤄지는 모든 행동은 후자의 패턴을 따를 것이다. 그렇다면 좁은 의미에서 말하는 의지는 갈등을 빚는 생각들이 다수 있을 때에만 일어난다고 볼 수 있다. 또 그런 의지는 우리가 의식의 어떤 복합적인 장(場)을 갖고 있기 때문에 가능하다고도 할 수 있다. 여기서 강조하고 싶은 재미있는 사항은 억제 장치가 대단히 미묘하다는 점이다. 어떤 강력하고 긴급한 운동 관념이 의식의 초점에 놓여 있을지라도 의식의 가장자리에 이 관념과 반대되는 관념이 희미하게 존재할 경우에는 초점에 있는 운동 관념이 중화되며 실행에 옮겨지지 않을 수 있다.

예를 들어 보자. 내가 집게손가락을 뻗고 두 눈을 감은 채 내가 손에 권총을 쥐고 있고 또 방아쇠를 잡아당기는 것을 가능한 한 생생하게 느끼려 하고 있다. 지금 나는 나의 손가락이 긴장하며 가늘게 떠는 것까지 꽤 분명하게 느낄 수 있다. 만약에 기록 장치를 이용한다면, 덜덜 떠는 긴장 상태가 확실히 드러날 것이다. 그럼에도 나의 손

가락은 구부려지지 않는다. 방아쇠를 당기는 행위가 실행되지 않는 것이다.

왜 그럴까? 이유는 간단하다. 내가 방아쇠의 움직임에 집중하고 있을지라도, 그럼에도 불구하고 나는 또한 그 실험의 전반적인 조건을 알고 있으며, 나의 마음 속 배경에, 말하자면 나의 마음의 언저리에 방아쇠를 끝까지 잡아당기지 말아야 한다는 생각이 자리 잡고 있기 때문이다. 의식의 가장자리에 그런 의도가 존재하고 있다는 사실만으로도 억제 효과를 내기에 충분한 것이다. 특별한 노력이나 급박성, 강조 혹은 나의 주의를 특별히 강화하지 않아도 그런 억제 효과가 나타나는 것이다.

우리의 마음을 스치는 생각들 중에서 실제로 운동 효과를 낳는 것이 그렇게 적은 이유도 바로 거기에 있다. 만약에 우리의 마음에 떠오르는 온갖 공상이 모두 운동 효과를 낳게 되어 있다면, 삶은 아마 저주가 되고 걱정거리가 될 것이다. 추상적으로 보면 관념운동의 법칙은 진실이지만, 구체적으로 보면 우리의 의식의 장들은 언제나 대단히 복잡하기 때문에 억제적인 가장자리가 거의 언제나 중심을 무효화시키고 있다. 이 모든 예에서, 나는 마치 관념이 단순히 존재하거나 부재하는 것만으로도 행동을 결정할 수 있는 것처럼, 그리고 마치 한쪽에 관념이 있고 다른 한쪽에 행동이 있고 '의지' 같은 세 번째 행동 원칙은 아예 없는 것처럼 이야기했다.

만약에 이 같은 인식에서 유물론적이거나 숙명론적인 원칙이 강하게 느껴진다면, 여러분의 판단을 잠시 유보해 달라고 부탁하고 싶다. 왜냐하면 이 문제에 대해 추가로 말할 것이 있기 때문이다.

그러나 어떤 사람이 자신의 자아가 정신물리학적 유기체라는 기계론적인 개념을 받아들인다면, 그 사람은 아주 쉽게 숙명론에 빠지게 될 것이다. 그 사람의 눈에는 인간의 행동이 단순히 다양한 충동과 억제의 결과물처럼 보인다. 어떤 대상은 그 존재만으로 우리를 행동하게 만들고, 또 어떤 대상은 그 존재만으로 우리의 행동을 저지한다는 식이다. 대상들이 일으킨 감정과 관념들은 우리를 이쪽 아니면 저쪽으로 움직이게 하고, 정서는 상호 억제적인 효과를 통해서 일을 더욱 복잡하게 만든다. 이때 고차원의 정서는 저차원의 정서를 폐기시킬 수 있으며, 저차원의 정서 자체가 사라져버릴 수도 있다.

이 모든 것들이 작용하는 삶은 사려 깊고 도덕적이다. 그러나 그 드라마의 심리적 동인들은 '관념들'에 불과할 것이다. 이 관념들의 전체를 우리는 그 사람의 '영혼'이나 '인격' 혹은 '의지'라고 부른다. 그렇다면 영혼이나 인격, 의지는 하나의 집합적인 이름에 지나지 않는다. 데이비드 흄(David Hume)이 말했듯이, 관념들 자체가 배우이고, 무대이고, 극장이고, 관중이고, 연극이다. 이것이 바로 소위 말하는 '연상주의' 심리학의 핵심이다.

하나의 개념으로서 연상주의 심리학이 지닌 힘을 무시하는 것은 부질없는 짓이다. 충분히 명확해지고 생생해지게 될 때 모든 개념이 그러는 것처럼, 연상주의 심리학이라는 개념도 신념에 영향을 강하게 미친다. 생물학 쪽으로 훈련을 받은 심리학자들은 대체로 연상주의 심리학을 심리학의 결정판으로 받아들인다. 연상주의 심리학의 단순성이 지니는 막강한 힘을 제대로 이해하지 않은 사람이라면 결코 현대 심리학의 이론을 적절히 이해하지 못할 것이다.

여기서 잠시 연상주의 심리학에 동의하도록 하자. 그것 나름대로 설명에 유리한 점을 갖고 있기 때문이다.

그렇다면 자발적인 행위는 언제나 우리의 충동과 억제가 결합된 결과물이 된다.

이런 식으로 보면 자연히 의지에는 두 가지 유형이 있다는 주장이 합리적이다. 한 유형의 경우에는 충동이 지배적일 것이고, 다른 유형의 경우에는 억제가 지배적일 것이다. 이 유형들을 각각 저돌적인 의지와 억제당하는 의지라고 볼 수 있다.

충분히 강해질 경우에, 이 의지들은 우리 모두가 잘 알고 있는 것들이다. 저돌적인 의지의 극단적인 예는 광적인 사람일 것이다. 광적인 사람의 생각들은 너무 빨리 행동으로 바뀌고, 그의 연상 과정은 지나치게 생생하다. 그러다 보니 억제가 끼어들 틈이 전혀 생기지 않는다. 광적인 사람은 자신의 머리에 떠오르는 생각이면 무엇이든 조금의 망설임도 없이 뱉어내고 행동으로 옮길 것이다.

일부 우울증 환자들은 억제당하는 의지의 극단적인 예이다. 그들의 마음은 두려움이나 무력감의 정서에 고착되어 있고, 그들의 관념들은 오직 한 가지 생각에만 국한되고 있다. 그래서 그런 환자들에게는 삶이 불가능하다. 그러다 보니 그들은 의지를 완전히 상실한 상태에서 지낸다. 그들은 자신의 태도나 말에 변화를 주지 못하며 아주 간단한 명령조차도 내리지 못한다.

다양한 민족은 이 점에서 서로 다른 기질을 보인다. 남쪽 지역의 민족들은 대체로 보다 충동적이고 저돌적인 것으로 여겨진다. 영국인, 특히 뉴잉글랜드 사람은 억압적인 자아의식을 가진 연약한 사람으로 여겨지고, 또 그런 자아의식은 양심의 가책과 억제로 표현되는 것으로 통하고 있다.

그러나 추상적으로 고려할 경우에 가장 고차원적인 인격은 양심의 가책과 억제로 넘쳐나야 한다. 그러나 그런 인격에서도 행동은 약화되기는커녕 가끔은 저항을 억누르고 또 가끔은 저항이 가장 약한 곳을 따라서 제 갈 길을 활기차게 나아갈 것이다.

우리의 굴근(屈筋)이 수축력이 동시에 작용할 때에 가장 확실하게 움직이는 것과 똑같이, 마음도 의식의 장들이 복합적이고 또 행동할 이유들을 갖고 있으면서 동시에 그 행동에 반대할 이유를 알고 있지만 그것 때문에 마비되지 않고 의식의 전체 장들을 고려하는 방향으로 행동할 때 가장 확실하게 작동할 수 있다. 그래서 나는 이런 마음을 이상적인 종류의 마음이라고 생각한다. 당연히 학생들의 내면에서 성장하기를 바라는 마음도 바로 그런 마음이다.

반면에 순수하게 충동적인 행동이나 결과를 불문하고 극단 쪽으로 나아가는 행동은 세상에서 가장 쉬운 행동이며 가장 저급한 행동이다. 어떤 사람이라도 상당히 무모해지게 되면 에너지를 발산할 수 있다. 동양의 폭군에게는 별다른 능력이 요구되지 않는다. 살아 있는 한, 그 폭군은 성공을 거둘 것이다. 이유는 그가 절대적으로 자신의 길을 갈 수 있기 때문이다. 그러다 세상이 그의 공포를 더 이상 참아 줄 수 없는 상황이 될 때, 그는 암살당하게 될 것이다.

그러나 즉시적으로 극단 쪽으로 나아가지 않을 수 있는 능력, 말하자면 다양한 억제 아래에서도 활력 있게 행동할 수 있는 능력은 정말로 드물고 또 어렵다. 이탈리아 정치가 카보우르(Cavour) 백작은 1859년에 계엄령을 선포하라는 요구에 "그런 식이라면 누구나 통치할 수 있다. 나는 헌법을 지킬 것이다."라는 말로 일축했다.

의회주의자들이나 링컨(Abraham Lincoln), 글래드스톤 같은 인물이 보다 강한 유형의 사람들이다. 그들이야말로 더없이 복잡한 조건에서도 결과들을 성취해냈기 때문이다. 우리는 나폴레옹 보나파르트(Napoleon Bonaparte)에 대해 대단한 의지력의 소유자라고 생각하고 있고 실제로도 나폴레옹은 충분히 그런 인물이었다. 그러나 심리학적인 관점에서 본다면, 나폴레옹과 글래드스톤 중에서 누가 더 강한 의지를 가졌는지를 말하기는 쉽지 않다. 왜냐하면 나폴레옹은 일반적인 억제를 모두 무시한 반면에 글래드스톤은 열정적이면서도 양심적으로 그런 억제들을 정치에 반영했기 때문이다.

양심의 가책의 힘을 보여주는 좋은 예는 양심이 대화에 미치는 억제적인 효과이다. 19세기에 프랑스만큼 대화가 화려하게 꽃을 피운 곳도 없다. 그러나 그때 프랑스인들이 남긴 회고록들을 지금 읽는다면, 오늘날 우리의 혀를 묶어놓고 있는 양심의 브레이크들 중 상당수가 그 시절에는 풀려 있었다는 사실이 확인될 것이다. 허위와 배반, 외설, 악의가 아무 거리낌 없이 표현될 수 있을 때, 대화는 정말로 찬란할 수 있다. 그러나 마음이 도덕적 및 사회적 예절을 깨뜨릴까 두려워하게 될 때, 그 불꽃은 금방 사그라지고 만다.

종종 선생님은 학교에서 비정상적인 유형의 의지에 직면한다. 이런 의지를 우리는 '고집불통의 의지'라고 부를 수 있을 것이다. 일부 아이들은 어떤 일을 즉시적으로 해내지 못하게 될 때 그 일을 절대로 하지 않으려 들기도 한다. 즉시적으로 풀리지 않는 상황이 지속되는 한, 그것이 지적인 문제라면 그 아이들에게 문제를 이해시키는 것이 글자 그대로 불가능해지고, 또 그것이 외적 활동이라면 그 아이들이 그 활동을 하도록 하는 것이 불가능해질 것이다. 그런 아이들은 대체로 죄인처럼 다뤄지며 처벌 받는다. 그렇게 하지 않을 경우엔 선생님이 아이의 의지를 '꺾어 놓아야' 한다고 생각하면서 자신의 의지가 더 강한지 아이의 의지가 더 강한지 두고 보자는 식으로 대결을 벌이게 될 것이다.

영국 신학자 존 웨슬리(John Wesley)는 "아이의 의지가 사라지지 않을 만큼 꺾으라."라고 썼다. "아이가 자신의 의사를 분명히 밝힐 수 있게 되자마자, 아니 아이가 말을 할 수 있기 전부터 아이의 의지를 꺾으라. 아이는 시키는 대로 할 수 있어야 한다. 매를 들어서라도 그렇게 해야 한다. 아이의 영혼이 살아날 수 있도록, 아이의 의지를 꺾으라." 이런 식으로 의지를 꺾는 일은 언제나 양쪽 모두의 신경을 많이 소모시킨다. 또 뒤에 나쁜 감정을 남기고, 아이의 의지를 꺾으려는 쪽이 언제나 승자가 되는 것도 아니다.

이와 비슷한 상황이 발생하고 아이가 한껏 긴장하면서 내적으로 흥분해 있다면, 그때는 선생님이 그 문제를 도덕적으로 질책할 일로 보지 말고 신경증적인 병으로 보는 것이 최선의 방법일 것이다. 아이의 마음에 불가능하다는 억제의 느낌이 남아 있는 한, 그 아이는 장애를 결코 극복하지 못할 것이다. 그렇다면 선생님의 목표는 오직 아이가 장애를 망각하도록 하는 것이 되어야 한다. 그 주제를 당분간 거론하지 말고, 아이의 마음을 다른 곳으로 돌려라. 그런 다음에 우회적인 연상의 방법을 통해서 학생이 눈치 채지 못하게 슬그머니 그 주제로 다시 돌아가도록 하라. 그러면 학생이 아무런 어려움을 느끼지 않고 장애를 극복할 확률이 아주 커질 것이다.

말이 길을 가다가 갑자기 설 때 그 문제를 해결하는 것도 이와 조금도 다르지 않다. 먼저 말의 주의를 다른 곳으로 돌리며 말의 코나 귀에 대고 어떤 행동을 한다. 그런 다음에 말을 돌려서 조금 수월한 곳으로 옮긴다. 거기서는 채찍을 몇 차례 휘두르면 말이 장애를 쉽게 극복할 것이다. 노련한 선생님은 이런 긴장된 상황이 벌어지도록 절대로 내버려두지 않는다.

이제 여러분은 선생님으로서 완수해야 할 일반적 혹은 추상적 의무가 무엇인지 대충 알게 되었을 것이다. 학생들의 내면에 아주 큰 관념의 창고를 하나 만들어줘야 한다. 그러면 이 관념들 어느 것이라도 억제적인 효과를 일으킬 것이다. 그럼에도 여러분은 학생이 그런 억제적인 효과 때문에 망설임이나 의지의 마비를 습관적으로 보이는 일이 없도록 유도해야 한다. 학생이 행동을 활기차게 할 힘을 간직할 수 있도록 해 줘야 하는 것이다.

심리학은 선생님인 여러분이 안고 있는 문제를 이런 용어들을 이용해 쉽게 설명할 수 있다. 그러나 그 문제를 실용적으로 해결하는 데 필요한 요소들을 공급하는 일에 있어서는 심리학도 얼마나 무력한지 모른다. 여러분이 최선의 노력을 기울일 때조차도, 결과는 다른 어떤 요소보다 학생들의 타고난 기질이나 성향에 더 많이 좌우될 것이라는 말은 여전히 진실로 확인될 것이다. 어떤 사람들은 의식의 장의 초점이 원래부터 잘못 맞춰진 것처럼 보이는데, 이런 사람들의 경우에는 행동이 태만하고 억제가 기이한 방향으로 쉽게 작동하는 것처럼 보인다.

그러나 여기서 의지를 교육시키는 문제를 조금 더 깊이 들여다보도록 하자. 선생님의 임무는 학생들의 내면에 인격을 구축하는 것이다. 내가 자주 말한 바와 같이, 인격은 조직화된 일단의 반응 습관들이다. 그렇다면 이 반응 습관들은 무엇으로 구성되어 있는가? 이 습관들은 어떤 관념이 우리를 지배하게 될 때 특징적으로 행동하려 드는 경향과 또 어떤 관념이 우리를 지배하게 될 때 특징적으로 억제하려 드는 경향으로 구성되어 있다.

그렇다면 우리의 의지에서 비롯되는 습관들은 우선 우리가 가진 관념의 창고가 어떤 것이냐에 따라, 그 다음에는 몇몇 관념이 행동 또는 무(無)행동과 습관적으로 연결되는지에 따라 결정된다. 어떤 대안이 선택을 위해 제시되었는데 여러분이 어떻게 해야 할지 확실히 모를 때, 그때는 어떤 일이 벌어지는가? 여러분은 먼저 주춤하다가 숙고할 것이다. 이때 여러분의 숙고는 무엇으로 이뤄지는가? 숙고는 그 대안들을 다양한 관념을 바탕으로 연속적으로 통각하는 것인데, 이때 이 관념들은 그 대안과 다소 맞는 것처럼 보이다가 최종적으로 거의 정확하게 맞아떨어지는 어떤 관념이 하나 나타나게 된다. 만약에 최종적으로 남은 관념이 여러분의 내면에서 습관적으로 행동을 일으키는 전조(前兆)의 역할을 하는 것이라서 여러분의 행동 원리 중 하나와 맞아떨어진다면, 그때 여러분의 망설임이 중단되고 그 즉시 여러분은 행동을 하게 된다.

한편 그 관념이 습관적으로 무(無)행동을 부르는 것이어서 금지와 연결된다면, 그럴 경우에 여러분은 주저하지 않고 자제하게 된다. 여러분도 잘 알다시피, 문제는 그 상황에 적절한 관념이나 개념을 발견해내는 것이다. 적절한 개념을 찾는 작업은 며칠 혹은 몇 주일이 걸릴 수도 있다.

나는 마치 개념이 발견되기만 하면 행동은 아주 쉽게 이뤄지는 것처럼 말했다. 종종 보면 그런 식으로 행동이 이뤄지지만, 그렇지 않은 경우도 더러 있다. 그렇지 않을 경우에, 우리는 자신이 도덕적인 상황의 한가운데에 서 있다는 사실을 발견한다. 나는 여러분이 이런 도덕적인 상황을 나와 함께 좀 더 가까이서 살펴보기 바란다.

적절한 개념, 말하자면 적절한 분류 항목을 찾는 것이 어려울 수도 있다. 아니면 그 개념이 아직 우리가 어떤 행동과 습관적으로 결부시키지 않은 것일 수도 있다. 그것도 아니면, 그 개념이 촉발시키는 행동이 위험하고 힘들 수도 있다. 또 아니면 우리의 충동적인 감정이 뜨거울 때에, 무(無)행동이 무서울 정도로 냉정하고 부정적인 것으로 비칠 수도 있다. 위험한 행동이 수반될 것 같거나 무행동이 부정적으로 비칠 경우에는 그 적절한 관념이 적당한 효과를 발휘할 때까지 그 관념에 꾸준히 주의를 기울이기가 어렵다. 자극적인 것이든 억제적인 것이든, 그 개념은 우리에겐 지나치게 합리적이다. 그러면 보다 본능적인 열정적 성향은 그 개념을 고려의 대상에서 배제하려는 경향을 보인다. 우리는 그 개념에 대한 생각을 피하게 된다. 그러면 그 개념은 의식의 장의 가장자리에 나타나는 순간에 빛을 깜박이며 사라진다. 그러기에 그 개념을 의식의 장의 초점으로 끌어들여 그것이 연상 효과와 운동 효과를 일으킬 만큼 오랫동안 거기에 잡아두기 위해서는 자발적으로 관심을 기울이려는 결심과 노력이 필요하다. 마음이 지배적인 감정에 반하는 생각을 멀리한다는 사실을 우리 모두는 잘 알고 있다.

그러나 이런 식으로 의식의 장의 중심으로 들어와서 거기에 충분히 오랫동안 있게 되기만 하면, 합리적인 그 관념은 반드시 효과를 발휘할 것이다. 왜냐하면 우리의 의식과 신경계 사이의 연결 법칙들이 행동을 일으킬 것이기 때문이다. 이리하여 우리의 도덕적 노력은 적절한 관념을 고수하는 결과를 낳게 된다.

그렇다면 만약에 여러분이 "어떤 도덕적 행위를 아주 단순하고 기본적인 형식으로 압축한다면 거기엔 무엇이 남는가?"라는 질문을 받는다면, 이에 대한 대답은 오직 하나뿐이다. 여러분은 이렇게 대답할 수 있을 뿐이다. 도덕적 행위는 우리가 어떤 관념을 고수하기 위해 주의를 쏟으려는 노력인데, 이때 주의를 기울이려는 노력이 없다면 그 관념은 우리의 마음에 있는 다른 심리적 경향들에 의해 마음 밖으로 쫓겨나게 된다고 말이다. 요약하면, 생각하는 것은 곧 의지의 비결이다. 생각하는 것이 기억의 비결인 것과 똑같다.

자신의 일부 행동이 잘못되었거나 남에게 피해를 입히게 된 사람이 늘어놓는 변명을 보면, 생각하는 것이 곧 의지의 비결이라는 사실이 아주 명백하게 드러난다. 그런 사람들은 "그럴 생각이 전혀 아니었다."라거나 "그 행동이 비열하다고는 결코 생각하지 못했다."라거나 "이런 어처구니없는 결과가 나올 것이라고는 생각조차 못했다."라는 식으로 말한다. 그들이 이런 식으로 변명할 때, 우리는 어떻게 대꾸하는가? 우리는 "왜 생각을 못했어? 생각하지 않고 그럼 뭘 했어?"라고 따진다. 그러면서 그들의 생각없음에 일장 훈시를 한다.

도덕적 숙고를 보여주는 진부한 한 예는 술의 유혹을 받고 있는 주정뱅이이다. 그 사람은 술버릇을 고치기로 마음을 먹었지만 지금 다시 술의 유혹을 받고 있다. 그의 도덕적 승리 혹은 패배는 글자 그대로 그때 자신이 처한 상황을 설명하는 적절한 이름을 발견하는 데 달려 있다. 만약에 이 주정뱅이가 자신의 상황을 놓고 이미 잔에 따른 술을 어떻게 버릴 수 있는가 하는 문제로 보거나, 친구들 사이에서 비사교적으로 놀 것인가 하는 문제로 보거나, 경험해 보지 못한 위스키에 대해 마침내 뭔가를 배우게 되는 문제로 보거나, 기념일을 축하하는 행사로 보거나, 지금까지의 자제보다 더 큰 자제를 자극하기 위한 새로운 자극제로 보거나 한다면, 그는 패배했다. 그가 엉터리 이름을 선택한 것이 그의 운명을 결정짓는 것이다.

그러나 만약에 술에 대한 갈증이 주정뱅이에게 그럴듯한 이름들을 엄청나게 많이 제시하고 있음에도 불구하고 그가 동요하지 않고 그보다 더 진정한 '나쁜' 이름에 집착하면서 그 상황을 '다시 주정뱅이가 되는' 그런 상황으로 통각한다면, 그의 두 발은 주정뱅이의 수렁에서 벗어나는 길에 확실히 오르게 될 것이다. 그는 올바르게 생각함으로써 자신을 구원하게 된다.

여러분의 학생들도 다음과 같은 방식으로 구원을 받게 될 것이다. 첫째, 여러분이 갖춰주는 관념들의 축적에 의해, 둘째, 학생들이 올바른 관념들을 고수하기 위해 자발적으로 쏟는 주의의 양에 의해, 그리고 셋째로 학생들이 성공적으로 고수하게 된 관념들에 근거한 단호한 행동의 몇 가지 습관에 의해 구원을 받게 되는 것이다.

이 모든 과정에서 가장 중요한 것은 자발적 주의의 힘이다. 저울이 눈금 하나 차이로 기울듯이, 우리의 도덕적 운명도 간발의 차이로 갈리게 된다. 앞에서 주의에 대해 논할 때, 자발적 주의가 일반적으로 생각하는 것보다 훨씬 더 짧고 또 단속적(斷續的)이라는 사실이 확인되었다. 단속적으로 이어지는 자발적 주의를 모두 합한다면, 그 시간은 우리의 삶에서 터무니없을 만큼 작은 비중을 차지할 것이다.

그러나 나는 그 대목에서 자발적 주의가 짧다고 해서 그 중요성까지 약하다는 뜻은 아니라는 점을 동시에 강조했다. 그러면서 그 주제에 대해 다시 논하는 기회가 있을 것이라는 점을 밝혔다. 그래서 나는 지금 그 주제로 다시 돌아갈 것이다.

어떤 일의 중요성은 단지 그것의 크기에만 있지는 않다. 그것이 속한 유기체에서 차지하는 위치에 따라서도 중요성이 결정되는 것이다. 우리가 자발적으로 주의를 기울이는 행위는 비록 짧고 또 단속적일지라도 대단히 중요하다. 이 주의의 행위에 따라서 우리가 고차원의 운명을 걸 것인지 저차원의 운명을 걸 것인지가 결정되는 것이다.

그러므로 학교 교실에서 자발적 주의를 연습하는 것을 가장 중요한 훈련 사항 중 하나로 여겨야 한다. 그리고 최고의 선생님은 자신이 일깨울 수 있는 다양한 관심을 이용하여 학생들에게 주의를 기울일 기회를 풍부하게 제공할 것이다. 나는 이 점에 대해 추가로 설명을 하지 않아도 여러분이 잘 이해할 것이라고 생각한다.

이 강의를 하는 동안에 나는 여러분에게 마음에 대해 기계론적이고 심지어 유물론적인 견해를 제시했다는 비난의 소리를 들었다. 나는 마음을 하나의 유기체라고, 또 하나의 기계라고 불렀다. 나는 또한 마음이 환경에 반응하는 것을 마음에 관한 근본적인 사항으로 보았다. 그리고 나는 이 마음의 반응을 공개적으로나 암묵적으로 신경계를 구축하는 것이라고 불렀다. 그 결과 나는 여러분으로부터 이 점에 대해 더욱 솔직해 달라는 부탁을 받았다. 동시에 내가 유물론자인지 여부를 밝혀달라는 요구도 있었다.

나는 이 강의가 철저히 실용적이고 유익하기를 원하고 또 이론적인 복잡성에서 자유로워지기를 바라고 있다. 그럼에도 불구하고, 나는 나 자신의 입장에 대해 모호한 구석을 조금도 남기고 싶지 않다. 그래서 나는 약간의 오해도 남기지 않기 위해 나 자신에 대해 어떤 의미로도 유물론자라고 생각하지 않는다는 점을 밝히고 싶다. 만약에 '관념들'이 신경 기계의 작동에 수반된다면, 어떻게 해서 관념들의 순서가 그 기계의 작동 순서를 정확히 따르는지에 대해서는 나는 완벽하게 알고 있다. 그럼에도 불구하고 나는 우리의 의식 같은 것이 어떻게 신경 기계에서 생산될 수 있는지에 대해서는 아는 바가 없다.

관념들의 습관적인 연상, 생각의 기차들, 행동의 순서 등은 우리의 신경계를 흐르는 연속적인 전류의 결과물일 수 있다. 그리고 인간의 자유로운 정신이 관념을 선택하는 원천인 관념들의 창고는 그 사람의 뇌가 타고났거나 습득한 파워에 절대적으로 의존할 것이다. 만약에 현실이 이렇다면, 우리는 정말로 내가 조금 전에 대략적으로 묘사한 운명론적인 개념을 채택할 수도 있다. 우리의 관념들은 뇌의 전류에 의해 결정될 것이고, 뇌의 전류는 순수하게 기계적인 법칙에 의해 결정될 것이다.

그러나 방금 자발적 주의가 의지에서 중요한 역할을 한다는 사실을 살핀 지금, 자유 의지와 순수하게 정신적인 인과관계에 대한 믿음은 여전히 우리에게 열려 있다. 자발적 주의가 기울여지는 기간과 양(量)은 불확정한 어느 한계 안에 있는 것처럼 보인다. 우리는 주의의 양을 다소 다르게 쏟을 수 있는 것처럼 느끼고, 또 마치 이 점에서 우리의 자유로운 행동은 우리의 본성의 임계점(臨界點)처럼, 말하자면 우리의 운명과 다른 이들의 운명을 가르는 그런 어떤 점처럼 느껴진다. 그렇다면 자유 의지의 문제는 이런 질문으로 압축될 수 있을 것이다. "임계점처럼 보이는 지점에서 자유 의지가 불확정한 것처럼 보이는 것은 착각인가 아니면 착각이 아닌가?"

이런 질문에 대한 대답은 정확한 관찰이 아니라 일반적인 유추에 의해서만 나올 수 있는 것이 분명하다. 자유 의지를 옹호하는 사람들은 불확정한 것처럼 보이는 것이 하나의 실체라고 믿는 반면, 결정론자는 불확정한 것처럼 보이는 것이 하나의 착각이라고 믿는다. 나 자신은 자유 의지를 옹호하는 쪽이다. 내가 운명론을 명쾌하게 알지 못해서거나 운명론의 그럴 듯함을 이해하지 못해서 그러는 것이 아니다. 이유는 간단하다. 만약에 자유 의지라는 것이 실제로 존재한다면, 자유 의지에 대한 믿음을 받아들이도록 강요하는 것 자체가 부조리하기 때문이다.

자유와 의지가 우리의 내면에서 아주 부드럽게 어우러진다는 점을 고려한다면, 자유를 물려받은 어떤 의지가 가장 먼저 한 행위가 바로 자유 자체에 대한 믿음을 지속시키는 것이었다고 생각하는 것이 오히려 합리적일 것이다. 따라서 나는 편안한 마음으로 나의 자유를 믿는다. 또한 나는 주의를 기울이는 노력의 양이 미리 결정되어 있다는 것이 절대로 객관적인 증거를 갖지 못할 것이라는 점을 알고 있는 까닭에 과학적인 양심에도 조금도 거리낌 없이 나의 자유를 믿는다.

나 자신의 자유를 믿는 이유는 한 가지 더 있다. 여러분이 이 점에서 나를 따르든 말든 상관없이, 내가 주장하는 것과 같은 심리학적 및 정신 물리학적 이론들이 사람들에게 운명론자가 되라거나 유물론자가 되라고 강요하지 않는다는 점을 보여주기 위해서이기도 하다.

의지에 대해 마지막으로 한 가지만 더 이야기하고 싶다. 그것으로서 의지라는 중요한 주제를 마무리함과 동시에 선생님을 대상으로 한 심리학 강의도 끝내고자 한다.

의지는 두 가지 유형으로 나뉜다고 했다. 또한 억제에도 두 가지 유형이 있다. 우리는 그것을 각각 억압이나 부정에 의한 억제와 대체에 의한 억제라고 부른다. 이 두 가지 유형의 차이는 다음과 같다. 억압에 의한 억제의 경우에는 억제당하는 관념과 억제하는 관념, 말하자면 충동적인 관념과 그것을 부정하는 관념이 의식 안에 나란히 있으면서 거기서 어떤 내적 긴장을 낳는 반면, 대체에 의한 억제의 경우에는 억제하는 관념이 억제당하는 관념을 완전히 대체하고 따라서 억제당하는 관념은 금방 의식의 장에서 사라진다는 점이다.

예를 들어 보자. 여러분이 가르치는 학생들의 마음이 이리저리 떠돌고 있다. 지금 학생들은 창밖에서 나는 소리를 듣고 있다. 이 소리는 지금 점점 더 강하게 학생들을 자극하면서 학생들의 주의를 몽땅 빼앗고 있다. 이때 여러분은 학생들을 향해 창밖의 소리에 귀를 기울이지 말고 책이나 여러분의 말에 주의를 집중하라고 큰 소리로 말해 학생들의 주의를 다시 모을 수 있다. 또 여러분이 학생들을 살피고 있다는 점을 학생들이 의식하게 함으로써, 여러분은 좋은 효과를 거둘 수 있다. 그러나 그것은 낭비적인 효과이고 질이 떨어지는 효과일 것이다. 왜냐하면 여러분이 감시의 눈길을 늦추는 순간, 학생의 주의를 끄는 소음은 거기 그대로 있으면서 학생들의 호기심을 다시 자극하고 곧 학생들을 압도할 것이기 때문이다. 그러면 학생들은 조금 전의 상태로 되돌아가고 말 것이다.

반면에 여러분이 거리의 소음에 대해서는 한 마디도 하지 않은 가운데 매우 흥미로운 이야기를 들려주거나 실험을 직접 해보임으로써 소음에 대항할 수 있는 것을 제시한다면, 학생들은 언제 그랬냐는 듯이 거리의 소음을 잊으면서 별다른 어려움을 느끼지 않고 여러분을 주목할 것이다. 세상에는 부정으로도 절대로 억제되지 않는 관심사들이 많다. 예를 들어, 사랑에 빠진 사람이라면 어떠한 의지의 노력도 열정을 죽이지 못할 것이다. 그러나 눈을 번쩍 뜨게 만들 미인이 그의 시야로 들어가도록 해보라. 그러면 그 전까지 그의 마음을 사로잡고 있던 우상은 그 순간 마음에서 지워지고 말 것이다.

우리는 대체에 의한 억제 방법을 최대한 활용해야 하는 것이 분명하다. 자신의 삶의 바탕을 '노'(No)라는 단어에 두고 있는 사람, 말하자면 거짓말이 사악하기 때문에 진실을 말하면서 끊임없이 소심하고 사악한 자신의 성향을 다스려야 하는 사람은 진실과 아량에 대한 사랑을 바탕으로 행동할 때에 비해 모든 면에서 열등한 상황에 놓이게 된다. 진실과 아량에 대한 사랑을 바탕으로 삶을 살 경우에는 처음부터 저열한 유혹을 전혀 느끼지 않을 수 있기 때문이다. 이 세상의 목적에 비춰본다면, 타고난 신사가 "타고난 악에 맞서 저항하면서" 끙끙거리며 사는 사람들의 모습보다 월등히 더 소중하다. 가톨릭 신학자들이 말하듯이, 신의 눈으로 본다면 후자의 모습도 충분히 청찬할 만할지라도 말이다.

스피노자(Baruch Spinoza)는 『윤리학』(Ethics)에서 "어떤 사람이 좋지 않다는 판단에서 피할 수 있는 일이라면 다른 것이 좋다는 판단에서도 피할 수 있다."라고 썼다. 습관적으로 부정적인 인식을 바탕으로 행동하는 사람을 스피노자는 노예라고 부른다. 습관적으로 선(善)을 바탕으로 행동하는 사람에게 스피노자는 자유인이라는 이름을 붙인다.

여기서 나는 여러분에게 학생들이 가능할 때마다 선을 바탕으로 행동하는 습관을 기르게 함으로써 그들을 자유인으로 만들어달라고 간곡히 부탁하고 싶다. 학생들에게 거짓말의 사악함을 보여주는 것보다는 그들의 내면에 명예와 정직에 대한 열정이 일어나도록 함으로써, 학생들이 습관적으로 진실을 말하도록 가르쳐라. 또 학생들에게 여러분이 가진 긍정적인 공감 능력을 전함으로써 그들이 타고난 악을 멀리하도록 해 주라. 그러면 학생들이 내면에서 기쁨의 샘들을 발견하게 될 것이다. 그리고 술의 나쁜 효과에 대해 가르칠 때에도, 주정꾼의 위나 간, 신경, 사회적 불행 등에 초점을 맞출 것이 아니라 생명체가 건강한 피를 통해서 젊음의 유연성을 평생 간직하게 될 때 누릴 축복에 초점을 맞추도록 하라. 젊음의 유연성을 가진 생명체에겐 어떠한 각성제나 마약도 필요 없으며 기분을 좋게 만드는 자극제로는 새 아침의 태양과 신선한 공기, 이슬이면 족하다.

이제 어기서 강의를 끝내려 한다. 내가 논한 내용이 분명하게 이해된 선생님도 있을 것이고 사소하게 들린 선생님도 있을 것이다. 그러나 여러분이 앞으로 1, 2년 정도 교실에서 일어나는 사건들을 약간 다른 시각에서 인식하다 보면, 내가 전하려던 개념들 일부가 조금 더 선명하게 다가올 것이다. 여러분의 학생들을 감각적이고, 충동적이고, 연상에 능하고, 반응이 빠른 작은 생명체로, 또 부분적으로 운명의 지배를 받고 또 부분적으로 자유로운 그런 생명체로 여긴다면, 모든 학생이 이해력을 더욱 많이 개발할 것이라고 나는 확신한다. 학생을 아주 예민하게 작동하는 기계로 이해하라. 거기에 덧붙여 만약에 여러분이 선(善)을 바탕으로 학생들을 보고 또 선을 바탕으로 사랑한다면, 여러분은 완벽한 선생님이 될 수 있는 최고의 위치에 서게 될 것이다.